AF562926

50 CENTIMES	BIBLIOTHÈQUE FRANCO-ITALIENNE PUBLIÉE PAR J. BRY	50 CENTIMES

LE

PETIT CAPORAL
DES ZOUAVES

60 CENTIMES pour la province	PARIS — 1859 LÉCRIVAIN ET TOUBON, LIBRAIRES, RUE GIT-LE-CŒUR, 10	60 CENTIMES pour la province

N° 2

60 CENTIMES

BIBLIOTHÈQUE FRANCO-ITALIENNE

PUBLIÉE PAR J. ROY

60 CENTIMES

LE

PETIT CAPORAL

DES ZOUAVES

60 CENTIMES pour la province

PARIS — 1859

LECRIVAIN ET TOUBON, LIBRAIRES, RUE GIT-LE-CŒUR, 10

60 CENTIMES pour la province

LE PETIT CAPORAL DES ZOUAVES

Viva l'Italia una!...

I

« Unissez-vous tous à jamais,
Peuples de France et d'Italie,
Et, puisqu'il faut des trouble-paix
De son sang payer la folie,
Marchez une dernière fois
Pour en finir avec la guerre.
A vous, Francs, Romains et Gaulois
L'honneur de délivrer la terre! »

Bien dit, poëte! La guerre a fait son temps, le monde s'émancipe d'heure en heure par les conquêtes de la Science et de l'Industrie. Assez d'engrais humain comme cela! Les plaines de tous les pays peuvent être fécondées par d'autres rosées que par les rosées de sang, par un autre humus que par des cadavres. Le Ciel ne nous a pas créés, — nous, ses créatures d'élite, — pour nous entr'égorger et nous entre-détruire comme des bêtes fauves, à coups de sabre et à coups de canon. Il a laissé faire, pendant de longs siècles, parce que rien ici-bas ne se fonde et ne s'achève sans douleurs et sans déchirements, sans sueurs et sans misères. Mais il y a eu assez de ciment humain employé à l'édification du monument de la civilisation. Le monument est terminé : il ne faut pas le couronner par de nouvelles hécatombes. La vie est une chose précieuse : il faut la respecter, — c'est-à-dire y tenir avec orgueil, au lieu de la quitter avec joie comme on a fait jusqu'ici, — pour quelques brins de lauriers.

Ces paroles n'étonneront et ne feront sourire personne, je l'espère. Malgré les bruits de fusillade qui retentissent si terriblement, à cette heure encore, sur un coin de l'Europe, chacun sent bien que ces boucheries héroïques sont les dernières et que, d'ici à quelques années, on mettra en fourrière cette Gloire sanglante qui a exigé jusqu'ici plus de victimes que n'en a jamais exigé Bahvani, la déesse meurtrière des Indous. On ne se tue tant que pour n'avoir plus à se tuer du tout.

Bientôt il n'y aura plus ni soudards ni pékins, ni lions ni lièvres, mais seulement des hommes, et l'héroïsme vrai ne consistera plus à éventrer des ennemis ou à se laisser éventrer par eux, mais bien plutôt à protéger les faibles et à instruire les ignorants pour le grand jour des agapes universelles.

Il est temps de faire justice de ces monstrueuses bêtises qu'on entend sortir de temps à autre de bouches plébéiennes et de bouches bourgeoises, et qui consistent à dire que « la guerre est une chose nécessaire pour faire écouler le trop plein des villes et des campagnes! »

La guerre, une chose nécessaire! Le choléra aussi! La famine aussi! Le mal aussi! Ah! comme cela serait odieux — si ce n'était pas si bête!

On a tiré l'épée une dernière fois, à propos de l'indépendance de l'Italie. L'Italie une fois affranchie, — de par sa volonté et le concours généreux de la France, — on remettra au fourreau cette épée rouge de sang, et elle y dormira son somme éternel.

Autrement il faudrait douter de la bonté de Dieu et désespérer de l'Humanité.

Mais non! cela ne sera pas. Il y a dix-huit cents ans, un homme est mort sur la croix pour racheter les crimes du Passé et préparer la paix de l'Avenir. Cet homme s'appelait Jésus, Christ, Emmanuel, — c'est-à-dire *Sauveur*.

Le roi de Piémont, — sauveur de l'Italie, — ne s'appelle-t-il pas aussi Emmanuel?

II

En attendant ce jour du désarmement général de toutes les colères de peuples à peuples, de toutes ces haines de nations à nations, — en attendant surtout le jour de l'abdication du despotisme et de l'esprit de conquête, il faut combattre, hommes contre hommes, armées contre armées, et, pour ces luttes sanglantes, si pleines de sauvage grandeur, il faut des combattants, des soldats, c'est-à-dire des héros.

La race s'en perdra — en se transformant; mais elle n'est pas encore perdue. Les héros de l'Iliade, les héros du Moyen Age, les héros de la République, les héros de l'Empire, ont fait souche : les soldats qui versent si généreusement et si insoucieusement leur sang, en ce moment, sur les champs de bataille de la Lombardie, sont les héritiers de ces illustres tueurs, de ces chevaleresques chasseurs d'hommes.

La couardise est un vice particulier. Jamais elle n'a été une maladie endémique. L'homme naît brave : l'exemple le rend héroïque. Dans tous les temps, et dans presque tous les pays, il a fait bon marché de sa vie, — bon marché aussi de la vie des autres. Le courage est une force : il ne s'agit que de savoir l'employer et la diriger.

Faute d'un emploi pacifique, faute d'une direction plus conforme aux vues de la Providence, il faut donc laisser faire le courage, — sans circonscrire ses évolutions; il faut laisser faire la témérité, — sans blâmer ses exagérations et ses écarts; il faut laisser faire l'héroïsme, — sans le quereller sur son plus ou moins d'utilité.

D'autant plus qu'en ce moment l'esprit militaire, l'instinct belliqueux, l'appétit de la mort, enfantent de grandes choses, d'admirables choses, — toutes réserves faites. Les Achille, les Ajax, les Hector des légendes homériques, les Roland, les Lancelot, les Olivier, les Tristan des légendes du Moyen Age, les preux plébéiens des légendes de la République et de l'Empire, n'ont pas accompli de plus héroïques prouesses que celles qui s'accomplissent en ce moment dans le nord de l'Italie. Capitaines et soldats rivalisent d'intrépidité. La moisson de lauriers sera abondante, et nous devons tous nous en réjouir d'avance, — quel que soit le sang qu'elle aura coûté.

Capitaines et soldats, disons-nous. Parlons d'abord des premiers, — puisqu'ils sont les premiers. Les autres viendront après.

Nous racontions l'autre jour l'histoire de ce vaillant homme qui a nom Garibaldi. Racontons aujourd'hui l'histoire de ce vaillant roi qui a nom Victor-Emmanuel.

III

Victor-Emmanuel II est né le 14 mars 1820, c'est-à-dire qu'il a trente-neuf ans, — l'âge des héros.

Il est le fils du roi Charles-Albert, — le glorieux vaincu de Novare, — et de la princesse Thérèse de Toscane. A lui s'arrêtent les princes de la maison de Savoie qui commencèrent au comte Humbert-aux-Blanches-Mains, au XIe siècle.

Montesquieu a dit des princes de cette maison qu'ils possédaient au plus haut degré l'esprit de justice et le rationalisme gouvernemental; et Robertson explique cette suite continue de grands princes par cette raison, qu'enclavé de tous côtés par de puissants voisins, ce petit Etat de Savoie ne pouvait subsister qu'à force d'intelligence et de tension d'esprit de la part de ses gouvernants. Nécessité fait loi.

La maison de Savoie eut seize comtes : Humbert-aux-Blanches-Mains, Amédée Ier, Oddon, Amédée II, Humbert-le-Renforcé, Amédée III, Humbert-le-Saint, Amédée IV, Boniface-le-Roland, Pierre-le-petit-Charlemagne, Philippe, Amédée V, Edouard-le-Libéral, Aimon-le-Pacifique, Amédée VI et Amédée VII, dit le Comte Rouge.

Au Comte Rouge succéda Amédée VIII, dit le Salomon, qui fut le premier duc de Savoie. Singulier Salomon qui, « plein de gloire et d'ennui, » se retira un jour de la scène du monde pour entrer dans une chartreuse, avec ses gentilshommes, et y faire « grande chair et beau feu, » — à ce point grande chair, même, que la vie qu'il menait à la chartreuse de Ripaille a donné naissance à un proverbe bien connu : *faire ripaille!* Après Amédée VIII, — Salomon ou non, — vinrent : Louis, Amédée IX, Philibert-le Chasseur, Charles-le-Guerrier, Charles-Jean-Amédée, Philippe-Sans-Terre, Philibert-le-Beau, Charles-le-Bon, Emmanuel-Philibert, Charles-Emmanuel Ier, François-Hyacinthe, Charles-Emmanuel II. A Charles-Emmanuel II s'arrêtèrent les ducs de Savoie ; à Victor-Amédée II commencèrent les rois de Piémont et de Sardaigne.

Après Victor-Amédée II vinrent Charles-Emmanuel III, Victor-Amédée III, Charles-Emmanuel IV, Victor-Emmanuel Ier, Charles-Félix et Charles-Albert, père de Victor-Emmanuel II, — le héros actuel de l'indépendance italienne.

L'histoire de Victor-Emmanuel se lie trop intimement à celle de son père, pour que nous ne nous arrêtions pas quelques instants devant cette mélancolique figure qui a nom Charles-Albert, qu'on a appelé l'Hamlet de la monarchie.

Victor-Emmanuel continue l'œuvre paternelle. Puisque nous assistons en ce moment au dernier acte de ce grand drame où se jouent les destinées de l'Italie, il est nécessaire d'en raconter brièvement les premiers actes, — du moins leurs principales péripéties!

IV

Le 23 mars 1848, Charles-Albert tirait son épée en disant : *L'Italia fara da se!* et il adressait la proclamation suivante aux habitants de la Lombardie et de la Vénétie :

« Les destinées de l'Italie sont mûres, un avenir plus heureux sourit aux intrépides défenseurs des droits foulés aux pieds.

« Nous, vos amis d'origine, qui comprenons le temps présent et qui faisons les mêmes vœux que vous, nous proclamons les premiers l'unanime admiration que vous porte l'Italie.

« Peuple de la Lombardie et de Vénétie, déjà nos armes se concentraient sur votre frontière, quand vous avez devancé nos vœux pour la délivrance glorieuse de Milan ; nous venons maintenant vous offrir, dans vos épreuves ultérieures, l'assistance que le frère attend du frère, et l'ami de l'ami.

« Nous seconderons l'accomplissement de vos justes désirs, en nous liant à l'aide de ce Dieu qui est visiblement avec nous, de ce Dieu qui nous a donné Pie IX, et qui, par sa merveilleuse impulsion, met l'Italie en état de se suffire à elle-même.

« Et, pour exprimer en signes éclatants et visibles le sentiment de l'union italienne, nous voulons que nos troupes, en entrant sur le territoire de la Lombardie et de la Vénétie, portent l'écu de Savoie sur la bannière tricolore italienne. »

Une seconde proclamation fut adressée par Charles-Albert, au moment où il franchissait le Tessin, tant aux Lombards-Vénitiens qu'aux habitants des duchés de Parme et de Modène :

« Appelé par ceux d'entre vos concitoyens auxquels une confiance bien méritée a livré la direction temporaire de la chose publique, et surtout visiblement poussé par la main de Dieu, qui, pardonnant à l'Italie ses anciennes fautes pour tous les malheurs qu'elle a soufferts, a voulu la ressusciter à une nouvelle et glorieuse vie, je viens à vous à la tête de mon armée, suivant en ceci l'impulsion de mon cœur. Je viens sans conditions, et uniquement pour terminer la grande entreprise si heureusement commencée par votre valeur.

« Italiens! sous peu notre patrie sera purifiée de l'étranger.

« Bénie soit mille fois la Providence, qui a voulu me réserver pour une si belle journée, et qui a choisi mon épée pour poursuivre et achever le triomphe de la plus sainte cause.

« Italiens, la victoire est certaine ; nos armes, en abrégeant la lutte, vous rendront la sécurité qui vous permettra de procéder avec calme à la réorganisation de votre régime intérieur ; le vœu de la nation pourra s'exprimer librement.

« Inspirez-vous surtout, dans cette heure solennelle, de l'amour de la patrie et de l'horreur de vos anciennes divisions qui ont ouvert les portes de l'Italie à l'étranger.

« Et l'Italie sera sauvée! »

Ces proclamations lancées, Charles-Albert entra aussitôt en campagne et franchit le Tessin, — ce Rubicon moderne.

Les premières journées furent heureuses. Les *Bersaglieri*, commandés par le général de la Marmora, forcèrent le pont de Goïto et culbutèrent les Autrichiens. Après l'affaire de Goïto, vinrent d'autres engagements, tous couronnés de succès : Mozambano, Vallegio, C la, Sandra, Santa-Justina, Pastringo, Peschiera.

Victor-Emmanuel — alors duc de Savoie — se trouvait à toutes ces rencontres, au premier rang, au premier feu! Ce fut son baptême de gloire.

Malheureusement, ces succès brillants ne devaient pas être de longue durée. Les revers sanglants allaient succéder aux triomphes. Au lieu de marcher sur l'Isonzo, de s'y fortifier, de fermer les gorges du Tyrol du côté de Rivoli, pour que des renforts ne pussent rejoindre Radetzki ni par le Frioul ni par le Tyrol, Charles-Albert donna l'ordre à une partie de ses troupes de s'avancer sur Vérone, dont les habitants, exaspérés par la longue et odieuse tyrannie de l'Autriche, n'attendaient qu'une occasion favorable pour se révolter.

On était au 6 mai. Les Piémontais rencontrèrent les Autrichiens auprès du village de Santa-Lucia, qui, avec les villages de San-Massimo et de Croce-Bianca, formaient une ceinture de postes avancés qu'il fallait écraser avant d'arriver à Vérone. Déjà, en 1799, du 25 au 30 mars, les troupes françaises, commandées par le vieux général Schérer, avaient attaqué cette position, qui avait été prise et reprise sept fois par les Français et les Autrichiens, et qui avait fini par rester au pouvoir de ces derniers.

Les Piémontais avaient, certes, autant de bravoure que les troupes républicaines de 1799; mais, puisque cette bravoure avait été inutile, en face d'une position inexpugnable, parce que bien défendue, elle devait l'être aussi pour eux, et cela arriva en effet. Les Piémontais firent des prodiges de valeur; leurs ennemis, embusqués dans un cimetière, tiraient sur eux à mitraille : les Piémontais avançaient toujours. Ils avancèrent si bien, qu'ils en vinrent aux mains, impériaux et Sardes, sur le même terrain, c'est-à-dire dans l'enceinte du cimetière, que laboura profondément le piétinement des combattants, qui se chargeaient à la baïonnette. On s'égorgea beaucoup, de part et d'autre, et cela pendant deux longues heures!...

Charles-Albert, alors, — qui s'était bravement battu à la tête de ses troupes, — donna le signal de la retraite : il y avait assez de sang versé pour un seul jour! Le roi avait perdu un grand nombre de soldats; l'Italie avait perdu un grand nombre de valeureux défenseurs, parmi lesquels il faut mentionner le colonel Caccia, mort avec le nom de l'Italie sur les lèvres, et le marquis Colli de Felizzano, fils aîné du général de ce nom. C'était le troisième enfant que ce dernier envoyait ainsi à la mort, c'est-à-dire à la gloire; le marquis de Felizzano tué, il ne lui restait plus qu'un fils : l'héroïque patriote devait bientôt l'envoyer remplacer ses trois frères dans les rangs des Indépendants!...

Lorsque les Autrichiens s'aperçurent du mouvement de retraite qu'opéraient en bon ordre les Piémontais, ils tentèrent de poursuivre l'aile droite, à la tête de laquelle se trouvait précisément Charles-Albert, et qui était restée la dernière pour protéger la retraite. Les Piémontais, pris sur deux flancs, allaient être écrasés : Victor-Emmanuel accourut impétueusement, héroïquement, se précipita sur les Autrichiens, dégagea ses troupes et les sauva — ainsi que son père.

Le 9 août 1848 eut lieu un armistice, auquel succéda un état qui n'était ni la paix ni la guerre, et qui redevint la guerre le 16 mars 1849.

V

Pendant cette trêve de sept mois, le maréchal Radetzki avait eu le temps de réorganiser son armée, et de la fractionner de telle sorte qu'en quelques jours elle pût se trouver concentrée sur le point d'opération le plus éloigné. La dénonciation de l'armistice le trouva prêt.

Les hostilités recommencèrent le 20 mars 1849. Charles-Albert repassa de nouveau le Tessin, et le 21, les deux armées se rencontrèrent et se livrèrent la bataille de la Forzesca, où, dans le premier moment, les Autrichiens furent repoussés, pour reprendre bientôt après l'avantage.

Le 23 mars, les deux armées reprirent leurs positions offensives aux environs de la ville de Novare, entre Trecate et Serano, à quelques pas de la frontière lombarde. Les Autrichiens, au nombre de cinquante-sept mille hommes, s'étaient massés sur un étroit espace qui les faisait paraître plus nombreux encore. Les Piémontais, au contraire, quoique au nombre de quatre-vingt mille hommes, s'étaient éparpillés sur une ligne de plusieurs lieues de longueur.

Ces derniers commencèrent l'attaque, et, jusqu'à quatre heures du soir, ils eurent un avantage marqué sur l'armée autrichienne. Mais, à ce moment, Radetzki donna l'ordre de marcher à son corps de réserve, composé de soldats aguerris. Les Piémontais furent vaincus, malgré leurs actes nombreux de courage, malgré l'énergique attitude de Charles-Albert.

Charles-Albert comprit que l'heure fatale avait sonné, et que, ne pouvant plus régner, il lui fallait mourir. Aussi se jeta-t-il en pleine mêlée, comme Napoléon à Waterloo, offrant sa poitrine aux balles.

— Laissez-moi mourir! c'est mon dernier jour! répondait-il, — sombre et désespéré, — à ses officiers qui voulaient l'arrêter.

Les boulets autrichiens passèrent à côté de lui sans oser le toucher. Les balles sifflèrent ironiquement à son oreille sans songer à l'atteindre. Il lui était réservé une autre agonie que l'agonie glorieuse du champ de bataille. Tomber vaincu, ce n'est presque rien ; c'est survivre à sa chute qui est horrible !

La mort ne voulut donc pas de Charles-Albert, ce jour-là, — pas plus qu'elle ne voulut de son noble fils Victor-Emmanuel, qui l'accompagnait au milieu des balles et de la mitraille, et qui, comme lui, cherchait et espérait la fin glorieuse du soldat. L'un et l'autre, — si dignes l'un de l'autre ! — furent les derniers à abandonner les hauteurs de la *Bicoque*, contre lesquelles les Autrichiens n'avaient pas cessé un seul instant de diriger une grêle d'obus et de mitraille.

Ce fut alors que Charles-Albert abdiqua en faveur de son courageux fils Victor-Emmanuel. Puis il l'embrassa et se prépara au départ.

VI

Rien de plus lamentable que cette fuite de l'ex-roi de Sardaigne, par une nuit noire et pluvieuse, après une bataille perdue !

Charles-Albert avait quitté Novare immédiatement après son abdication, et il était monté dans une berline de voyage, avec un valet de chambre pour unique compagnon. A quelques lieues de là, à Verceil, un fort détachement de soldats autrichiens arrêtèrent la voiture, et ils s'apprêtaient même à tirer dessus, lorsque Charles-Albert, pâle et sombre, descendit, tenant à la main le passe-port que lui avait délivré le commandant de la place de Novare.

— Je suis le comte de Barge, colonel piémontais, dit-il. L'armée où je servais ce matin encore est en pleine dissolution, et je me rends à Nice.

— Passez, Sire, et que Dieu vous garde ! répondit en s'inclinant respectueusement le général Thurn, qu'on avait prévenu et qui s'était hâté d'accourir. Dieu protége l'Autriche ! ajouta-t-il. Qu'aurait dit le monde, si nos soldats avaient tué Charles-Albert?...

La berline repartit au galop.

Arrivé le 26 mars dans les environs de Nice, Charles-Albert fit secrètement avertir le préfet, pour qu'il l'aidât à gagner la frontière sans que personne se doutât de son passage.

Celui qui présidait ainsi à l'expatriation de Charles-Albert était le fils de Santarosa.

— Ma première pensée, lui dit l'ex-roi, a été de me rendre en Palestine; mais j'ai dû y renoncer, car on n'aurait pas manqué de dire que je finissais mon règne par une capucinade. J'ai songé à Londres, et j'y serais même allé volontiers, mais ç'aurait été y accroître le nombre des exilés. J'ai donc décidé de me retirer à Oporto, ville trop éloignée du Piémont pour qu'on puisse soupçonner que je veuille me mêler encore des affaires publiques.

Ces paroles mélancoliques étaient prononcées sans émotion apparente, comme une démission complète, non-seulement de roi, mais encore de citoyen. Cela ressemblait au renoncement de Charles-Quint s'enterrant vivant au couvent de Saint-Just. Mais le cœur battait, toujours ardent, sous ces cendres-là, car Santarosa ayant exprimé à Charles-Albert l'espérance de jours heureux pour l'Italie et pour lui, son visage, d'abord extrêmement pâle, se colora tout-à-coup, et ce fut d'une voix vibrante de patriotisme qu'il s'écria :

— En quelque lieu et en quelque temps qu'un gouvernement régulier lève son drapeau contre l'Autriche, celle-ci peut-être bien certaine de me trouver comme simple soldat dans les rangs de ses ennemis !

Tels furent les derniers mots prononcés par le roi Charles-Albert sur le sol italien. Deux mois après,— c'est-à-dire le 28 juillet 1849,— il mourut à Oporto, où était né Dom Sébastien, ce Charles-Albert portugais.

VII

Radetzki, en apprenant l'abdication de Charles Albert, se montra disposé à traiter avec son successeur, avec lequel il voulut traiter directement.

Victor-Emmanuel, après quelques hésitations, consentit à l'entrevue demandée par le vieux maréchal, — entrevue qui eut lieu le 26 mars dans une ferme près de Vignale, village distant de quelques mètres du lieu où s'était passée la bataille de Novare.

Radetzki, accompagné d'une suite nombreuse et splendide, attendait depuis quelques instants, lorsque Victor-Emmanuel parut, seul, habillé d'un pittoresque uniforme qui faisait à merveille ressortir sa physionomie chevaleresque.

— Maréchal, dit-il, vous voyez devant vous un fils qui n'a plus de père, un général qui n'a plus d'armée, un roi qui n'a pas de royaume !

Radetzki serra la main du jeune prince et l'entraîna dans la cour d'une maison voisine, autour de laquelle campait une troupe de Sereshans, drapés dans leurs dalmatiques écarlates.

La paix fut conclue. Voici à quelles conditions :

« Le roi de Sardaigne donne une assurance positive et solennelle de conclure, en tant qu'il dépendra de son honneur, un traité de paix sur les bases des articles suivants :

« Art. 1er. Le roi de Sardaigne licenciera les corps militaires hongrois, polonais et lombards, se réservant de conserver certains officiers de ces corps, d'après ses convenances.

« Art. II. Le comte Radetzki s'entremettra auprès de Sa Majesté l'empereur, afin que complète amnistie soit accordée aux soldats hongrois, polonais et lombards, sujets de Sa Majesté sus-énoncée,

« Art. III. Le roi de Sardaigne permet que dix-huit mille hommes d'infanterie et deux mille hommes de cavalerie occupent le territoire compris entre le Pô, le Tessin et la Sesia, et que les troupes autrichiennes composent la moitié de la garnison dans la citadelle d'Alexandrie.

« Cette occupation n'exercera aucune influence sur l'administration civile et judiciaire de la division de Novare. Trois mille Autrichiens pourront composer la moitié de la garnison de la ville et citadelle d'Alexandrie, et l'autre moitié sera composée de soldats de Sa Majesté Sarde. Les Autrichiens auront libre communication entre Alexandrie et la Lomelline par Valence. Il sera nommé une commission militaire mixte pour régler l'entretien des troupes autrichiennes. Seront évacués par les troupes sardes, les duchés de Modène, Parme, Plaisance et Toscane, c'est-à-dire les territoires qui, avant la guerre, n'appartenaient pas au Piémont.

« Art. IV. L'entrée des troupes autrichiennes dans la citadelle d'Alexandrie ne pouvant avoir lieu que dans trois ou quatre jours, elle sera garantie par le gouvernement sarde.

« Art. V. La flotte sarde quittera l'Adriatique avec tous ses bateaux à vapeur dans le délai de quinze jours, et les Piémontais qui se trouvent à Venise recevront l'ordre de rentrer dans leurs anciens Etats dans le même délai.

« Art. VI. Le roi Victor-Emmanuel promet de conclure une paix prompte et durable, et de réduire l'armée sur l'ancien pied de paix.

« Art. VII. Le roi de Sardaigne regarde comme inviolables toutes les conditions stipulées ci-dessus.

« Art. VIII. Il sera envoyé des plénipotentiaires réciproques dans une ville quelconque, qui sera déterminée, à l'effet de conclure la paix définitive.

« Art. IX. La paix à faire sera indépendante de la stipulation du présent armistice.

« Art. X. Si l'on venait à ne pas conclure la paix, la dénonciation de l'armistice aurait lieu dix jours avant la reprise des hostilités.

« Art. XI. Seront rendus réciproquement et promptement tous les prisonniers de guerre.

« Art. XII. Tous les Autrichiens qui ont déjà passé la Sesia seront tenus de rentrer dans les limites ci-dessus tracées. »

Le 27 mars 1849, Victor-Emmanuel II adressait la proclamation suivante aux habitants des Etats sardes :

« De funestes événements et la volonté de mon très vénéré père m'ont appelé avant le temps au trône de mes aïeux. Les circonstances dans lesquelles je prends les rênes du gouvernement sont telles que, sans le concours universel, je ne pourrais que difficilement accomplir mon unique vœu, le salut de la patrie commune. Les destinées de la nation étaient arrêtées dans les desseins de Dieu ; l'homme doit s'y soumettre. Quant à nous, nous n'avons pas failli à notre tâche. Aujourd'hui notre but doit être de maintenir l'honneur sauf et sans tache, de guérir les blessures de la fortune publique et d'affermir nos institutions constitutionnelles. Je prie en conséquence tous mes peuples de réunir leurs efforts aux miens pour atteindre ce but, et je suis prêt à jurer solennellement l'observation fidèle des statuts. »

Voici maintenant le serment que Victor-Emmanuel II, entouré de son nouveau ministère, composé par Delaunay, président du conseil, Pinelli, Galvagno, Nigra, Mameli, de Margherita et della Rocca, prêta le 30 mars devant les chambres réunies :

« En présence de Dieu, je jure d'observer loyalement le statut, de n'exercer l'autorité royale qu'en vertu des lois et conformément aux lois, de faire rendre à chacun suivant son droit pleine et entière justice, et d'agir en toutes choses en vue de l'intérêt, de la prospérité et de l'honneur de la nation. »

Après avoir signé ce serment en triple original, Victor-Emmanuel prononça les paroles suivantes :

« En prenant les rênes de l'Etat dans les circonstances présentes, dont, plus qu'aucun autre, je sens l'immense gravité et l'amertume, j'ai déjà fait connaître à la nation quelles étaient les dispositions de mon esprit.

« L'affermissement de nos institutions constitutionnelles, le salut et l'honneur de la patrie commune, seront le but constant de mes pensées, et avec l'aide de la Providence et votre concours, j'espère pouvoir l'atteindre. Ce n'est que profondément pénétré de la gravité de mes devoirs que j'ai accompli devant vous l'acte solennel du serment qui devra guider ma vie. »

VIII

Victor-Emmanuel était roi ; il venait de prêter le serment de fidélité à la nation devant les Chambres piémontaises. Serment oblige : il devait noblement tenir sa parole.

En attendant, le désastre de Novare, en outre de ses désastreuses conséquences, — le bombardement de Gênes, la soumission de la Sicile, les persécutions en Toscane, les proscriptions dans le royaume de Naples, le martyre de l'héroïque Brescia, — devait coûter cher au Piémont, très cher !

Voici le traité qu'il signait avec l'Autriche le 6 août 1849 :

« Sa Majesté le roi de Sardaigne, de Chypre, de Jérusalem, etc. ; Sa Majesté l'empereur d'Autriche, roi de Hongrie, de Bohême, de Lombardie et de Venise, etc., ayant également à cœur de mettre fin aux calamités de la guerre et de rétablir les anciennes relations d'amitié et de bonne intelligence qui ont subsisté entre leurs Etats respectifs, ont résolu de procéder sans délai à la conclusion d'un traité de paix définitif, et ont, en conséquence, nommé pour leurs plénipotentiaires, Sa Majesté le roi de Sardaigne, etc., le sieur Berando, comte de Pralormo, grand'croix de l'ordre royal des saints Maurice et Lazare et de l'ordre impérial de la Couronne de fer; son ministre d'Etat, le sieur Joseph Dabormida, chevalier de l'ordre royal des saints Maurice et Lazare, son général d'artillerie et son aide-de-camp; le sieur Boncompagni de Monbello, chevalier de l'ordre royal des saints Maurice et Lazare, président de la cour d'appel; et Sa Majesté l'empereur d'Autriche, etc., le sieur Ch. Louis, chevalier de Bruck, chevalier de l'ordre impérial de Léopold, son ministre du commerce et des travaux publics, lesquels, après avoir reconnu leurs pleins pouvoirs trouvés en bonne et due forme, sont convenus des articles suivants :

« Art. Ier. Il y aura à l'avenir et pour toujours paix, amitié et bonne intelligence entre Sa Majesté le roi de Sardaigne et Sa Majesté l'empereur d'Autriche, leurs héritiers et successeurs, leurs Etats et sujets respectifs.

« Art II. Tous les traités et conventions conclus entre Sa Majesté le roi de Sardaigne et Sa Majesté l'empereur d'Autriche, qui étaient en vigueur au 1er mars 1848, sont pleinement rappelés et confirmés ici, autant qu'on n'y déroge pas par le présent traité.

« Art. III. Les limites des Etats de Sa Majesté le roi de Sardaigne du côté du Pô et du côté du Tessin seront telles qu'elles ont été fixées par les paragraphes 3, 4 et 5 de l'article 85 de l'acte final du congrès de Vienne du 9 juin 1815, c'est-à-dire telles qu'elles existaient avant le commencement de la guerre en 1848.

« Art. IV. Sa Majesté le roi de Sardaigne, tant pour elle que pour ses héritiers et successeurs, renonce à toute prétention quelconque sur les pays situés au delà des limites désignées aux susdits paragraphes de l'acte précité du 9 juin 1815. Toutefois le droit de réversibilité de la Sardaigne sur le duché de Plaisance est maintenu dans les termes des traités.

« Art. V. Son Altesse Royale l'archiduc de Modène et Son Altesse Royale l'infant d'Espagne, duc de Parme et de Plaisance, seront invités à accéder au présent traité.

« Art. VI. Ce traité sera ratifié, et les ratifications, de même que les actes d'accession et d'acception, en seront échangés dans le terme de quatorze jours, ou plus tôt si faire se pourra.

« En foi de quoi les plénipotentiaires l'ont signé et muni du cachet de leurs armes. »

Articles séparés et additionnels au traité de paix.

« Art. Ier. Sa Majesté le roi de Sardaigne s'engage à payer à Sa Majesté l'empereur d'Autriche la somme de soixante-quinze millions de francs à titre d'indemnité des frais de la guerre de toute nature et des dommages soufferts pendant la guerre par le gouvernement autrichien et par ses sujets, villes, corps moraux ou corporations, sans aucune exception, ainsi que pour les réclamations qui auraient été élevées pour la même cause par Leurs Altesses Royales l'archiduc de Modène et l'infant d'Espagne, duc de Parme et de Plaisance.

« Art. II. Le paiement de la somme de soixante-quinze millions de francs, stipulée par l'article précédent, sera effectué de la manière suivante :

« Quinze millions de francs seront payés en argent comptant, moyennant un mandat payable à Paris à la fin du mois d'octobre prochain sans intérêts, qui sera remis au plénipotentiaire de Sa Majesté l'empereur au moment de l'échange des ratifications du présent traité. Le paiement des soixante millions restants doit avoir lieu en dix versements successifs, à effectuer de deux mois en deux mois, à raison de six millions chacun, en argent comptant, à commencer le premier terme, qui sera en échéance à la fin de décembre prochain, avec l'intérêt à cinq pour cent, sur le montant du terme à payer. Pour chaque terme, les intérêts seront calculés à dater du premier du mois qui suivra celui dans lequel les ratifications du présent traité seront échangées. Pour garantie de l'exactitude de ce paiement, le gouvernement sarde remettra en dépôt à celui de Sa Majesté Impériale et Royale Apostolique, au moment de l'échange des ratifications du présent traité, soixante inscriptions d'un million de francs chacune en capital, soit cinquante mille francs de rente chacune sur le grand-livre de la dette publique de la Sardaigne. Ces inscriptions seront restituées au gouvernement de Sa Majesté Sarde au fur et à mesure des versements qui seront effectués à Vienne, en lettres de change sur Paris, comme il est stipulé ci-dessus. Si le gouvernement sarde, par quelque motif que ce soit, manquait de retirer ces inscriptions et de faire les versements stipulés, il est entendu que deux mois après l'échéance du terme non payé, le gouvernement de Sa Majesté Impériale et Royale Apostolique serait autorisé, par ce fait même, à faire vendre chaque fois à la Bourse de Paris des rentes pour la somme échue de six millions, soit trois cent mille francs de rente. Le déficit qui pourrait en résulter, comparativement à leur valeur nominale, serait à la charge du gouvernement de Sa Majesté Sarde, et le montant en devra être payé par lui dans le plus bref délai possible, en lettres de change sur Paris, conjointement avec les intérêts échus qui seraient calculés jusqu'au jour où ce paiement aura effectivement lieu.

« Art. III. Sa Majesté l'empereur d'Autriche s'engage, de son côté, à faire évacuer entièrement par les troupes autrichiennes, dans le terme de huit jours après la ratification du présent traité, les Etats de Sa Majesté le roi de Sardaigne, soit le territoire sarde, dans les limites établies à l'article 3 du traité de paix de ce jour.

« Art. IV. Comme il existe depuis de longues années une contestation entre la Sardaigne et l'Autriche à l'égard de la ligne de démarcation près de la ville de Pavie, il est convenu que la limite en cet endroit sera formée par le thalweg du canal dit Gravellone, et qu'on fera construire de commun accord et à frais communs, sur ce même canal, un pont sur lequel il ne sera pas perçu de péage.

« Art. V. Les deux hautes parties contractantes, désirant donner plus d'étendue aux relations commerciales entre les deux pays, s'engagent à négocier prochainement un traité de commerce et de navigation sur la base de la plus stricte réciprocité, et par lequel leurs sujets respectifs seront placés sur le pied de la nation la plus favorisée. A cette occasion, on prendra également en considération la question des sujets mixtes, et on conviendra des principes qui devront régler leur traitement réciproque.

« Dans le but de faciliter et de favoriser le commerce légitime aux frontières de leurs territoires, elles déclarent vouloir employer mutuellement tous les moyens en leur pouvoir pour y supprimer la contrebande. Pour mieux atteindre ce but, elles remettent en vigueur la convention conclue entre la Sardaigne et l'Autriche le 4 décembre 1834 pour deux ans, à commencer du 1er octobre prochain, avec la condition énoncée à l'article 24 de ladite convention, c'est-à-dire qu'elle sera considérée comme renouvelée de deux ans en deux ans, à moins que l'une des deux parties ne déclare à l'autre, trois mois au moins avant l'expiration de la période des deux années, qu'elle devra cesser d'avoir son effet.

« Les deux parties contractantes s'engagent à introduire successivement dans ladite convention toutes les améliorations que les circonstances rendront nécessaires pour atteindre le but qu'elles ont en vue.

« Art. VI. Le gouvernement autrichien, en retour des avantages que la remise en vigueur de cette convention procure à son commerce, consent à la résiliation de celle conclue le 11 mars 1851 entre le gouvernement sarde et celui de la Lombardie, et déclare en conséquence qu'elle n'aura plus aucune valeur à l'avenir. Il consent en outre à révoquer, aussitôt après la ratification de la présente convention, le décret de la chambre aulique qui a imposé, à dater du 1er mars 1846, une surtaxe sur les vins du Piémont.

« Art. VII. Les présents articles séparés et additionnels auront la même force et la même valeur que s'ils étaient inscrits mot à mot au traité principal de ce jour. Ils seront ratifiés, et les ratifications en seront échangées en même temps.

« En foi de quoi, les plénipotentiaires les ont signés et munis du cachet de leurs armes. »

IX

Le Piémont était réduit au silence, — jusqu'à nouvel ordre. Les colères rentraient au fourreau, pour en sortir plus terribles un jour. Grâce à la loyauté chevaleresque de Victor-Emmanuel, à son esprit de justice, au patriotisme de son parlement, à la confiance de la nation envers lui, le Piémont reconquit pied à pied chaque jour le rang qu'il avait un instant perdu. Des améliorations importantes furent introduites dans toutes les branches des services publics et dans la législation. De nombreux traités de commerce furent conclus au grand avantage du pays qui, malgré d'énormes sacrifices supportés en 1848 et en 1849, malgré sa paix si onéreuse avec l'Autriche, ne cessa pas de voir augmenter sa richesse.

Ce n'était pas tout. Le Piémont n'avait été jusque-là qu'une puissance secondaire. Le concours qu'il prêta à la France et à l'Angleterre, lors de la guerre de Crimée, par un envoi de quinze mille hommes, lui donna un relief qu'il n'avait pas encore eu, en le faisant figurer à côté des deux grandes puissances de l'Occident.

Le 25 avril 1855, l'avant-garde du contingent de quinze mille hommes que Victor-Emmanuel s'était engagé à fournir, par le traité du 26 janvier précédent, s'embarquait à Gênes sur le navire à vapeur le *Charles-Albert.*

Le 28 avril, le général Alphonse de la Marmora, chargé du commandement en chef du corps expéditionnaire, s'embarquait avec d'autres troupes et l'état-major.

Débarqués à Balaclava, dans la Chersonèse Taurique, les Piémontais se trouvaient établis, le 25 mai, sur les hauteurs de Kamara. Décimés par le choléra avant tout engagement avec les Russes, ils se trouvaient encore en nombre suffisant pour représenter dignement leur pays à la bataille de la Tchernaïa, le 16 août 1855. La garde du pont de Traktir leur avait été confiée : c'est là qu'ils reçurent le premier choc des Russes avec une intrépidité et un sang-froid admirables. Ils firent taire l'artillerie ennemie, établie sur les plateaux opposés, et des tirailleurs russes s'étant reformés sur les bords de la Tchernaïa, les Piémontais s'avancèrent contre eux en bon ordre, « comme s'ils marchaient à la parade, » — dit un témoin oculaire.

Ceci est pour la bataille de la Tchernaïa.

Quant à l'attitude des Piémontais devant Sébastopol, elle est caractérisée par ces mots du général Trochu au général la Marmora :

« Vous devez être fier de commander de si bra

L'empereur, revenant de visiter le champ de bataille de Palestro, rencontre des zouaves et des prisonniers autrichiens traînant une pièce prise sur l'ennemi.

ves soldats. Je n'en ai pas vu de plus solides au feu. Le jour de l'assaut, ils étaient dans les tranchées sous une pluie incessante de boulets et d'obus, et pas un ne baissait la tête. »

Dans cette glorieuse journée du 16 août 1855, les Piémontais combattirent côte à côte avec les zouaves, les *chacals* fraternisèrent avec les *bersaglieri*.

Les Piémontais revinrent en Italie. Le 8 mai 1856, ils débarquèrent à Gênes, au milieu d'acclamations enthousiastes. Le 15 mai, ils reçurent le même accueil de la population de Turin. Une fête nationale, digne d'eux, et de la glorieuse mission qu'ils avaient remplie en Crimée, leur avait été préparée. Victor-Emmanuel leur distribua les médailles qui leur étaient destinées, et leur adressa l'allocution suivante :

« Officiers, sous-officiers et soldats !

« Il y a à peine une année que j'assistai à votre départ, en regrettant vivement de ne pouvoir pas partager vos dangers. C'est avec bonheur que je vous revois aujourd'hui et que je puis vous dire : *Vous avez bien mérité de la patrie!* Vous avez dignement répondu à mon attente, aux espérances du pays, à la confiance que nos puissants alliés avaient placée en vous. Votre fermeté au milieu des fatigues et des maladies, votre intrépidité en face de l'ennemi, l'admirable discipline que vous avez su garder, tout chez vous a concouru à faire honneur à la noble contrée qui vous a vus naître. En reprenant les drapeaux que je vous avais confiés et que vous avez ramenés victorieux de l'Orient, je compte les garder comme un précieux souvenir de votre valeur, et en même temps comme un gage certain de ce que vous sauriez faire, non-seulement pour les défendre, mais pour les entourer d'une gloire nouvelle, dans le cas où l'honneur et les intérêts de la nation vous appelleraient encore une fois sur le champ de bataille. »

X

L'Autriche n'avait pas vu d'un excellent œil les relations amicales se nouer entre la France et la Sardaigne, et l'admission de cette dernière puissance dans les conseils européens.

Ses relations avec Victor-Emmanuel en devinrent de plus en plus tendues. Elles n'avaient jamais été amicales, mais seulement diplomatiques. Les relations diplomatiques se refroidirent d'heure en heure, et les prétextes ne manquèrent pas. L'empereur François-Joseph fit un voyage en Italie ; il resta plusieurs semaines à Milan, attendant les compliments de Victor-Emmanuel, — ainsi que cela se pratique, à ce qu'il paraît, entre souverains d'États limitrophes. Aucun envoyé du roi de Sardaigne ne vint lui apporter ces compliments officiels, et François-Joseph s'en retourna à Vienne comme il était venu. Il fut d'autant plus courroucé que cette impertinence du Piémont à son endroit grossissait la liste des impertinences qu'il avait dû essuyer en Lombardie de la part de ses sujets, — sujets malgré eux, — car, malgré les promesses d'amnistie et les autres promesses jetées par lui à Milan, par exemple, il n'avait pu trouver aucun citoyen qui voulût accepter la charge de maire de cette ville.

En même temps, une polémique acerbe, — significative comme intentions, — eut lieu entre les deux gouvernements par l'organe des gazettes officielles, et, bientôt après, les relations diplomatiques furent entièrement rompues.

En décembre 1858, l'Autriche commença des armements qui ne tardèrent pas à présenter un caractère assez menaçant pour éveiller en Sardaigne les plus légitimes inquiétudes. Et comme elle avait probablement ses raisons pour prendre ainsi l'avance, elle continua ses armements. Elle les continua si bien, qu'à son tour la Sardaigne dut commencer les siens. A bon chat, bon rat, Majesté apostolique!

Alors, voyant que Victor-Emmanuel armait, François-Joseph lui envoya l'invitation de désarmer.

La Sardaigne s'émut à juste titre de ce sans-façon blessant à tous les points de vue. La France aussi s'émut. L'Angleterre aussi. On demanda un congrès pour régler ce différend. L'Autriche consentit au congrès, mais en en excluant la Sardaigne, intéressée cependant à y assister ; et, tout en consentant, elle envoya à ce pays l'*ultimatum* que l'on connaît, — par lequel Victor-Emmanuel répondit par l'*ultima ratio* que l'on sait.

L'équilibre européen — le fameux équilibre — était rompu. La guerre commença le 29 avril 1859, jour où l'armée autrichienne passa le Tessin.

Seul, le Piémont eût été écrasé par cette armée ramassée et massée à la hâte par le comte Giulay, généralissime de l'empereur François-Joseph. Mais la France vint mettre son épée dans la balance et le Piémont triompha.

XI

Victor-Emmanuel, alors, prit le commandement en chef de son armée. Il s'agissait pour lui de tirer une glorieuse revanche de la navrante défaite de Novare, qui lui avait donné le trône en lui enlevant son père, — et il se rappelait que cette bataille n'avait été perdue que parce que Charles-Albert en avait confié le commandement en chef à d'autres qu'à lui-même. Il voulut commander à sa vaillante armée, électrisée par sa présence, — électrisée aussi par les vaillants compagnons qu'on lui avait donnés. Les Piémontais avaient fait des prodiges de valeur en Crimée, sous l'œil de la France. La France était là encore, représentée par une valeureuse armée qui avait vu déjà bien des champs de bataille, en Afrique et en Crimée.

Victor-Emmanuel se fit plus que commandant d'armée : il se fit soldat!

Le 30 mai au matin, l'armée piémontaise, commandée par le roi Victor-Emmanuel en personne, enlevait le village de Venzoglio et venait attaquer ensuite Palestro, gros bourg situé à cinq kilomètres au sud du premier.

La position de Palestro, sur une hauteur qui commande l'immense plaine environnante, son importance comme point militaire sur la route de Robbio, avaient décidé les Autrichiens à s'y retrancher avec une nombreuse garnison.

La route qui y mène est fort belle, droite et relevée au-dessus de la plaine; elle est coupée par plusieurs canaux d'irrigation, que l'on passe sur des ponts en briques fort bien construits.

Les Autrichiens avaient garni les ponts de chevaux de frise et d'abattis.

Sur l'un des monticules qui bordent l'entée du village, l'ennemi avat établi une batterie de trois pièces de gros calibre tirant à embrasures, et deux autres pièces de campagne étaient disposées sur la route de manière à balayer toute la chaussée.

En arrière de ces défenses, l'ennemi avait échelonné de nombreux tirailleurs tyroliens sur la pente des talus, de manière à balayer par un feu plongeant les assaillants qui oseraient s'engager dans cette espèce de défilé; et dans le fond, les maisons du village étaient elles-mêmes bordées de soldats. Les réserves se tenaient massées en arrière du village même.

Les 7e et 8e bataillons de bersaglieri firent, par leur courage, avorter ce système de défense. Après avoir enlevé le pont au pas de course et s'y être établis, ils s'élancèrent sur les travaux de droite en attaquant à la baïonnette tous les Autrichiens qui, massés au bas du talus, cherchaient à faire résistance. Ils gravirent les pentes et enlevèrent deux des canons qui les défendaient; les artilleurs furent tués sur leurs pièces.

Une autre colonne piémontaise se jetait en ce moment entre les deux escarpements de la route. Les tirailleurs, tournés par la manœuvre hardie des bersaglieri, étaient forcés de battre en retraite dans le plus grand désordre. Vers le village, les maisons, bientôt attaquées l'une après l'autre, furent enlevées, et l'ennemi fut obligé d'évacuer Palestro dans le plus grand désordre, laissant sur le terrain les morts et de nombreux blessés, plus deux cents prisonniers et deux canons.

A deux heures, la division piémontaise était installée dans le village; elle chercha à s'y établir solidement, dans l'appréhension d'un retour offensif de l'ennemi qui paraissait probable, vu l'importance de la position.

Le 3e zouaves avait été détaché à l'armée piémontaise sur la demande du roi de Sardaigne, et campait au bas de Palestro, un peu à droite de la sortie du village, dans un vallon, sur les bords d'un canal.

D'un autre côté, le corps du maréchal Canrobert avait reçu l'ordre de traverser la Sésia sur deux ponts construits à cet effet, et de venir appuyer la division piémontaise.

Le lendemain matin, pendant que quelques coups de canon étaient tirés par l'ennemi sur le pont de la Sésia, où passait en ce moment le corps d'armée du maréchal, trois fortes colonnes autrichiennes, protégées par de nombreux tirailleurs, attaquaient vivement les avant-postes de Palestro, et forçaient les Piémontais à rétrograder; mais arrivés au bas du village, à un petit pont élevé de quelques pieds au-dessus de la route, l'ennemi fut arrêté court, et une vive fusillade s'engagea; pendant que l'on se battait sur ce point, l'ennemi avait débordé la gauche du village et répandait ses tirailleurs dans les blés le long du canal, près du camp des zouaves.

Ceux-ci, déjà en armes, s'étaient formés sous de grands peupliers, et bientôt ils commencèrent un mouvement tournant. Ils prirent le pas gymnastique le long du canal même; mais arrivés à cet endroit où la berge opposée est très élevée, ils furent assaillis par le feu de deux pièces placées sur la route qui vient en cet endroit longer le canal.

En ce moment une partie de la division du général Trochu entrait à Palestro et prenait position pour soutenir au besoin le 3e zouaves.

A peine arrivés en face des pièces ennemies, les zouaves s'élancèrent d'un bond dans le canal, ayant de l'eau jusqu'au menton, franchirent la berge opposée, et arrivèrent sur l'ennemi à la baïonnette,— l'arme terrible!

La baïonnette! En voyant ce mouvement inattendu des zouaves, les Autrichiens s'empressèrent de retirer leurs pièces au galop sur la route qui se dirige vers la Sésia et sauvèrent ainsi momentanément leur artillerie. Les nombreux tirailleurs tyroliens, cachés dans les blés, furent pris, tués ou blessés, et bientôt les zouaves s'élancèrent au pas de course à la poursuite des artilleurs ennemis qui, de temps en temps firent feu et mitraillèrent nos soldats.

Arrivés à un dernier coude du canal, caché par un rideau d'acacias, les zouaves furent assaillis par un feu plus violent. A l'angle de la route, ils découvrirent un petit pont sur lequel étaient deux pièces; quatre autres étaient en position non loin de là. Les zouaves s'élancèrent de nouveau, et, en quelques minutes, le sol fut jonché de cadavres autrichiens. Plus de trois cents ennemis se noyèrent en cherchant à traverser à la nage un torrent rapide et profond. A droite de l'entrée du pont, une ferme s'élevait, où les Autrichiens s'étaient retranchés au milieu des morts et des mourants : mais ils en furent vite délogés et mirent bas les armes, au nombre de plus de trois cents.

De nouveau encore les zouaves se mirent à la poursuite de l'ennemi et l'atteignirent près d'un autre petit bois, où il tint quelques instants, pour fuir vers une autre ferme, qu'il ne fit que traverser, en se laissant prendre trois autres pièces de canon. On enleva aussi plusieurs caissons, des bagages et la caisse — qui ne contenait que du papier-monnaie, hélas!

Là enfin, là seulement s'arrêtèrent les zouaves, à plus de six kilomètres du point de départ.

Il devait faire chaud ce jour-là, — très chaud!

XII

L'impétueuse attaque des zouaves avait décidé du succès de cette glorieuse journée de Palestro. Victor-Emmanuel, qui les avait vus enjamber — avec leur *furia* ordinaire — fossés et rizières, et courir sus aux Autrichiens, sans autre souci de la mitraille qui les fauchait à bout portant; Victor-Emmanuel, émerveillé, enthousiasmé, entraîné par cet irrésistible exemple, enfonça les éperons dans les flancs de son cheval et courut se mettre à la tête des zouaves, — de l'*impareggiabile regimento dei zuavi*, comme il les appelait.

Une fois là, à leur tête, Victor-Emmanuel voulut y rester, afin d'être avec eux devant la gueule des canons autrichiens. Mais les zouaves, qui d'abord avaient été heureux de sa présence au milieu d'eux, furent effrayés du danger auquel il s'exposait si chevaleresquement, et ils se jetèrent au-devant de lui en essayant de l'arrêter.

— Laissez faire les *chacals*, Sire ; c'est leur affaire, et non la vôtre... lui crièrent-ils.

— Allons donc, mes braves, répondit Victor-Emmanuel, en souriant, il y a aujourd'hui de la gloire pour tout le monde.

Et se dégageant rapidement de la grappe de zouaves pendus de chaque côté de son cheval, — qui se cabrait d'impatience, comme lui, — il piqua des deux, la tête haute, l'épée à la main, et s'élança sur les Autrichiens.

Les zouaves le suivirent, pleins d'admiration, et quoiqu'ils n'eussent pas besoin d'y être poussés, ils firent merveille à côté de cette vaillance royale. Comment auraient-ils hésité, en voyant cet impétueux cavalier, le premier de son royaume, jouer sa vie avec l'intrépide insouciance du dernier de ses soldats?

Aussi leur attaque s'en ressentit-elle! Aussi, en ce moment, l'armée franco-piémontaise, chefs et soldats, ressentit-elle comme une commotion électrique de cette attitude superbe de Victor-Emmanuel qui se désignait ainsi lui-même aux balles ennemies! Zouaves et bersaglieri enfoncèrent les rangs autrichiens au pas de course, tuant à coups de crosse et à coups de baïonnette, sans merci ni relâche, pendant que le roi, calme au milieu de cette furie, au milieu de ces éclairs, au milieu de ce sang, dirigeait l'action et assurait le succès de son armée.

Cette victoire de Palestro couronnait de la manière la plus heureuse l'admirable mouvement stratégique opéré par notre armée avec une rapidité prodigieuse.

XIII

Les héros de cette journée, — il faut le dire sans craindre de faire tort d'un brin de laurier à personne, furent le roi Victor-Emmanuel et le 3e zouaves, commandé par le colonel Chabron.

Si Victor-Emmanuel était content des zouaves, à la tête desquels il venait de combattre; les zouaves, de leur côté, étaient fiers de l'avoir eu pour compagnon et pour témoin de leur bravoure.

Aussi, rentrés au camp, sous leurs tentes, tout en préparant tranquillement leur café, songèrent-ils à lui donner un témoignage éclatant de leur admiration et de leur estime. Le conseil fut assemblé, et chacun fut invité à émettre son avis.

C'était assez délicat, comme bien vous pensez.

— *Maruel bibir soua soua!* proposa l'un d'eux en langue *sabir*.

Ce n'était pas assez d'inviter Victor-Emmanuel à trinquer avec les zouaves. Cet avis ne parut que médiocre, — pour l'instant. C'était la sauce, non le poisson. Il fallait trouver quelque chose de mieux.

— Nous ne pouvons pas le nommer colonel, dit un Beni-Mouffetard, puisque nous en avons déjà un qui n'a pas plus froid aux yeux qu'un autre. M'est avis que nous l'invitions à venir faire un tour à notre *gourbi*, histoire de le nommer caporal par droit d'ancienneté! Un chevron rouge, ça ira joliment bien sur son fourniment de monarque!...

— C'est une crâne idée ! s'écrièrent les zouaves. D'autant plus crâne idée, qu'elle est renouvelée des Grecs, c'est-à-dire du premier Empire... Mais à cause de cela elle est crâne, cette idée-là! Les vieux de la vieille l'ont fait pour le sultan Bouanaberdi, — nous pouvons bien le faire pour Emmanuel, qui est un autre Bouanaberdi; c'est dit, nommons-le caporal des chacals du 3e! Il ne peut pas nous refuser, ce serait refuser son bonheur!...

— *Bono! Bono! Bono!* recrièrent les zouaves...

— Ce sera alors le moment et l'instant de *bib soua soua!* ajouta celui qui avait émis le premier l'idée de trinquer avec Victor-Emmanuel.

Les deux idées furent adoptées. Le poisson était trouvé, la sauce était indispensable.

Aussi le lendemain matin, lorsque le roi de Piémont vint visiter ses vaillants amis de la veille et qu'il arriva au *gourbi* où s'était faite la petite conspiration amicale que vous savez, il fut salué de vivats bruyants et d'acclamations enthousiastes.

— Sire, dit un zouave en s'avançant vers lui, voulez-vous nous faire celui d'être notre petit caporal?...

— Bien volontiers, mes braves! répondit le roi, touché de cette marque de sympathie. Et cela se trouve d'autant mieux que, sur ma demande, l'Empereur Napoléon III vient de m'accorder une pareille faveur. Désormais je vous appartiens comme vous m'appartenez : nous combattrons ensemble!

Je laisse à penser la joie qui accueillit cette réponse de Victor-Emmanuel. Ce furent des trépignements, des battements de main, des vivats à n'en plus finir. A ce moment-là, grâce au bruit que faisaient les zouaves, on n'aurait pas entendu Dieu tonner.

Le roi Victor-Emmanuel était donc désormais caporal du 3e régiment de zouaves.

Pourquoi pas? Son père Charles-Albert avait bien reçu — pour prix de son courage en 1823 — *deux épaulettes de laine rouge* et le titre de premier *grenadier de France!*

XIV

Les zouaves avaient récompensé Victor-Emmanuel. Victor-Emmanuel, à son tour, voulut récompenser les zouaves en mentionnant leur intrépidité dans sa proclamation à son armée, — proclamation datée de son quartier-général de Torrione :

« Soldats!

« Un nouveau et splendide fait d'armes a été signalé aujourd hui par une nouvelle victoire.

« L'ennemi nous a vigoureusement attaqués à Palestro. Il a lancé la plus grande partie de ses forces contre notre droite, pour empêcher notre jonction avec le corps du maréchal Canrobert.

« L'instant était solennel : nos troupes étaient de beaucoup inférieures en nombre à celles de l'ennemi, mais les assaillants avaient devant eux les valeureux soldats de la 4e division, conduits par le général Cialdini et l'incomparable régiment du 3e zouaves, qui a puissamment contribué à la victoire, en combattant aujourd'hui dans nos rangs.

« La mêlée a été meurtrière, mais à la fin les troupes alliées ont repoussé l'ennemi, après lui avoir fait éprouver de graves pertes, parmi lesquelles un général et plusieurs officiers.

« Nous avait fait environ mille prisonniers, huit canons ont été pris à la baïonnette, cinq par les zouaves, trois par les nôtres.

« Au moment même où se livrait le combat de Palestro, le général Fanti, à la tête des troupes de la 2e division, repoussait également avec succès une attaque des Autrichiens sur Confienza.

« Sa Majesté l'Empereur, qui est venu visiter le champ de bataille, a exprimé sa très vive satisfaction et apprécié l'immense avantage du succès de la journée.

« Soldats!

« Persévérez dans vos sublimes dispositions et je vous donne l'assurance que le ciel couronnera votre œuvre si courageusement entreprise. »

—

Et maintenant que nous avons parlé du petit caporal des zouaves, nous allons parler des zouaves de ce petit caporal. Tout le monde parle d'eux, de leur bravoure, de leur audace, de leur mépris du danger et de la vie, de leur gaîté, de leurs mœurs étranges; les *chacals* sont les *lions* du moment : c'est le moment de parler des chacals.

D'autant plus, qu'avec son costume oriental, — fez rouge, torsadé de vert ou de blanc, caftan bleu soutaché d'arabesques jaunes, pantalon flottant comme une robe, houzeaux de cuir fauve, — le zouave est depuis longtemps en possession de l'engouement populaire. Les zouzous! les zouzous! On les a chantés vingt fois, ces condottieri régularisés, et ils se sont chantés eux-mêmes, — témoin ce chant du chacal, composé probablement par l'un d'eux, et qu'ils répètent dans les nuits de bivouac, tout en préparant leur turlutine ou leur café :

D'abord, montrons-le dans la plaine,
Pour la marche à lui le pompon;
S'il faut courir à perdre haleine,
Il ne vous dira jamais non.
Il n'a pas appris au gymnase
L'art de fatiguer un cheval.
Qui ne craint pas qu'on le ramasse?
C'est un chacal.

Courant ou fumant la bouffarde,
Il faut le voir en razzia;
A tout prix il faut qu'il chaparde,
Oui, malgré vous, il pillera.
En vrai corsaire au crépuscule,
De l'Arabe au pied matinal,
Tentes, villages, qui tout brûle?
C'est un chacal.

Au pied de l'Atlas, à l'armée,
France, tu dois un monument
A la figure basanée.
Place au zouave à l'œil ardent!
Qu'il exprime bien nos misères,
Et grave sur le piédestal:
Il vaut ce que valaient nos pères!
C'est un chacal!

Les rimes ne sont pas millionnaires, c'est vrai; elles ne sont même pas à leur aise. Mais, après tout, pourquoi seraient-elles plus riches que ceux dont elles chantent les vertus héroïques?

I

Les zouaves comptent à peine une vingtaine d'années d'existence, et, depuis leur apparition, ils sont une des gloires de l'armée française, dont ils se séparent seulement par leur costume, par leurs mœurs et par leur organisation. Ce sont des fantaisistes!

Pourquoi ce nom de *zouaves?* Je n'en sais rien, ni eux non plus, — et cela n'en vaut que mieux. On a cherché à m'expliquer l' étymologie du mot, mais cela n'a pas pris : j'ai laissé là les conjectures sur les origines mystérieuses de ce Nil blanc. Dieu a dit, un jour de bonne humeur : « Que le zouave soit! » Et le zouave fut! Ne m'en demandez pas davantage.

Où poussent les zouaves? Car enfin, malgré leur visage culotté par une foultitude de soleils cuisants, ils ont, pour la plupart, une physionomie trop gouailleuse, trop *blanche*, trop peuple, pour n'être pas nés un peu à Paris ou dans les environs. Et, en effet, il leur arrive souvent de répondre aux nobles étrangers qui leur font l'honneur et le plaisir de les interroger sur la tribu à laquelle ils appartiennent : « Tribu des Beni-Mouffetard, » ou » Tribu des Beni-Antoine, » ou « Tribu des Beni-Pantin. » Ce qui prouve surabondamment et suffisamment — comme dirait l'estimable M. Prudhomme — qu'ils sont, pour la plupart, originaires de Paris. Quand ils ne sont pas de Paris, ils sont de Pantin; quand ils ne sont pas de Pantin, ils sont de Batignolles; quand ils ne sont ni de Batignolles, ni de Pantin, ni de Paris, ils sont d'ailleurs. On ne sait pas d'où, par exemple!

Ce qui prouverait encore l'origine parisienne de ces vaillants loustics, c'est leur langue *sabir*, — qui n'est pas autre chose qu'un argot déguisé. Or, à Paris, dans les faubourgs, parmi les ouvriers, — je parle des plus honnêtes, — on aime à *dévider le jars*. C'est un moyen comme un autre de s'amuser en société. Et puis, la vie est si fade, qu'il faut bien la condimenter un peu en se moquant d'elle de toutes les façons. D'ailleurs, l'argot de Paris est une tradition, et le peuple tient aux traditions, — à celles qui lui font honneur et gloire, s'entend. On *jaspine* aujourd'hui comme on jaspinait au temps de maître François Villon le Villonneur. Chaque métier a son argot, — son jargon, si vous voulez. C'est un besoin de l'esprit des gens d'action, — ouvriers ou soldats, — de se créer une langue à part dans la langue générale. Et tous ces argots-là ont un côté pittoresque que n'a pas la langue officielle, celle de Messieurs du Marais ou du boulevard des Italiens. Tous font image! Et cette prétendue langue *sabir*, employée par les zouaves dans leurs relations avec les Arabes, ce n'est pas autre qu'un argot oriental, plein de consonnes douces comme miel ou sonores comme du cristal. *Makach bono! Bibir soua! Chapard beseff!... Makach*, *beseff* et *bono* sont la ritournelle de cet air charmant, ou plutôt c'est un motif qui revient sans cesse, — ou plutôt encore c'est l'air lui-même : il n'est pas très compliqué, mais pour des gens qui ne sont pas difficiles!

Après ça, peut-être qu'il y a encore d'autres mots que ces trois-là; peut-être que les zouaves en inventent d'autres pour les besoins de leurs relations, et au fur et à mesure de ces besoins-là. Les zouaves n'ont peut-être pas beaucoup de *boudjous*, mais ils ont beaucoup d'imagination.

Pour ma part, ce sont les trois seuls mots de la langue sabir que je connaisse. Je les trouve suffisants pour un homme seul, et m'est avis qu'ils forment à eux trois le fond de cette langue, comme le *goddam* forme le fond de la langue anglaise, comme le *terteiffle* forme le fond de la langue allemande, comme le *stromboli* forme le fond de la langue italienne...

II

Il peut se faire qu'il n'y ait pas que des Parisiens et des Pantinois parmi les zouaves. Paris et Pantin n'ont pas le monopole du courage doublé de gouaillerie. Il y a aussi des Parisiens de Lyon, de Rouen, de Bordeaux, de Lorient, de Brest, parmi les zouaves. En tout cas, d'où qu'ils viennent, ce sont de rudes gas, à qui le froid, la faim, la chaleur, la pluie, la grêle, et autres agréments célestes et terrestres, ne font aucunement peur. Peur, un zouave? Allons donc! Il n'aurait pas même peur de se brûler les doigts en éteignant une chandelle, ainsi! Peur, ces lurons-là? Ils sont tous bâtis du même moëllon à cet endroit-là, et ils prouvent tous les jours qu'ils sont bien les descendants des Gaulois, nos valeureux aïeux, qui disaient, avec la vantardise de la force qui se connaît : « Si le ciel venait à tomber, nous le soutiendrions du fer de nos lances!... »

« Comme ces Gaulois chevelus,
Vrais lions du pays des chênes,
Qui jadis s'élançaient tout nus
Au cœur des légions romaines,
Ils vont droit leur rouge chemin;
Et quand le fer est las de boire,
A coups de crosse et haut la main
Ils brutalisent la victoire...

Marchant sur le canon brutal,
Ils se traînent le ventre à terre,
Avec des ruses de chacal
Et des mouvements de panthère;
Puis dans la poudre et les lueurs,
Comme fantômes dans un rêve,

> Bondissent sur les mitrailleurs,
> Rapides comme un coup de glaive!
>
> Mitraillés, fusillés, sabrés,
> A travers la cavalerie,
> Les caissons, les chevaux cabrés,
> Ils forcent sur l'artillerie :
> Tous les canons sont encloués,
> Et dans la flamme et la mitraille,
> On voit leurs étendards troués
> Reluire au fort de la bataille!... »

Les Arabes les connaissaient déjà ; puis est venu le tour des Russes; c'est aujourd'hui le tour des Autrichiens. Demandez à ces derniers quel effet leur produisent les zouaves! S'il y en a encore beaucoup de ceux qui se sont trouvés face à face avec eux, ils répondront en tressaillant : « Ce sont des diables! »

« Les zouaves sont les plus braves soldats du monde, » — a dit le maréchal Saint-Arnaud, le soir de la bataille de l'Alma.

« Bien rugi, mes lions! » leur cria à Malakoff le général Mac-Mahon, en empruntant cette énergique exclamation au vieux Shakespeare.

Ce sont des lions, en effet, des fils du feu!

Avant de raconter quelques-unes de leurs merveilleuses prouesses, à ces preux modernes, citons quelques-unes des pages intéressantes que leur a consacrées, dans un livre spécial, le brave général Cler, qui avait été leur colonel, et qui vient de succomber en héros à la bataille de Magenta.

III

« L'esprit de corps, cette religion du militaire, est porté au plus haut point parmi les zouaves. Bien des simples soldats de ces régiments ne consentiraient pas à changer leur turban contre des galons de sous-officiers dans d'autres corps. On a vu beaucoup de sous-officiers, et même d'officiers, préférer attendre leur avancement en restant aux zouaves, plutôt que de l'obtenir en rentrant dans d'autres régiments. Il existe entre les soldats et les officiers de ces corps une confraternité militaire qui, loin de nuire à la discipline, en resserre plus étroitement les liens. L'officier voit dans le soldat un compagnon de dangers et de gloire plutôt qu'un inférieur. Pénétré de cette idée, que la reconnaissance de l'*estomac* n'est point un vain mot, il s'occupe sans relâche à éviter à ses hommes des privations inutiles. Dans les pays où l'on est exposé à manquer du nécessaire, il n'hésite pas à venir en aide, par tous les moyens en son pouvoir, à ses zouaves. Il prête ses bêtes de somme, avance de l'argent pour que la marmite ne soit pas vide.

En retour, le soldat professe pour son officier une grande reconnaissance; il a pour lui du dévoûment, et même une sorte de respect filial. Bien que la discipline soit sévère, il ne réclame pas contre les punitions infligées.

Au combat, il n'abandonne jamais son chef, veille sur lui, se fait tuer pour le protéger, pour le sauver, ne le laisse pas tomber aux mains de l'ennemi s'il est blessé. Au bivouac, il entretient son feu, a soin de son cheval, de son mulet. S'il lui arrive de se procurer des fruits, du gibier, il les lui porte. Convaincus du désir qu'ont leurs chefs de les voir bien nourris en expédition, les zouaves demandent souvent qu'une partie de leur argent de poche soit employée pour l'achat des vivres de la tribu (1).

Le colonel, dans un régiment de zouaves, est l'homme vénéré des soldats, qui voient en lui le père de la famille. Pas un qui ne soit fier des succès qu'il obtient, qui ne soit heureux d'avoir pu contribuer à sa gloire et à son avancement.

Lorsqu'un ordre émane directement de lui, on est sûr qu'il est religieusement exécuté. — « Puisque le *père* l'a dit, se répètent-ils entre eux, il faut obéir. — Le *père* sait ce qu'il fait. — Il veut que nous soyons le mieux possible. »

Dans des moments critiques, le colonel peut user, au besoin, d'une discipline draconienne, sans avoir à craindre la désapprobation de ses hommes.

—

C'est un moment solennel que celui qui précède un assaut. Chacun de ceux qui doivent s'élancer sur la brèche, l'œil au guet, l'oreille attentive, la bouche muette, appelle de tous ses vœux l'instant du combat : chacun de ceux qui doivent remplacer sur la brèche le compagnon tué par l'ennemi ou enterré sous de sanglantes décombres, n'est pas moins impatient. Pas un soldat qui ne désire voir son existence avancée de vingt-quatre heures; pas un soldat, quelque brave qu'il soit, qui ne jette un rapide regard sur son passé, qui ne donne un adieu intérieur à sa famille, à une fiancée bien-aimée et à ses amis, et qui ne se trouve fier et heureux, malgré les dangers qui le menacent, de faire partie de la colonne d'attaque. S'il échappe à la mort, comme il pourra dire avec orgueil, le soir au bivouac, plus tard au foyer domestique : J'étais à tel siége ; le premier je me suis élancé sur la brèche!... Quand son colonel passera devant lui, il s'entendra nommer par lui : — C'est toi, un tel; tu étais à tel assaut; tu t'y es vigoureusement conduit!... S'il meurt, chefs et camarades diront : Un tel, c'était un brave... Et puis la perspective de la croix de la Légion d'honneur,

(1) D'après un usage emprunté aux Arabes, dans notre armée d'Afrique, lorsque l'on part pour une expédition, les soldats qui, selon l'expression consacrée, font *ordinaire* ensemble, c'est-à-dire qui vivent en commun, composent une réunion à laquelle ils donnent le nom de *tribu*. Dans la tribu, habituellement, chacun a sa spécialité, ses fonctions bien distinctes : l'un est chargé du bois et du feu, un autre de l'eau et de la cuisson des aliments, de la fabrication du café, un troisième du dressage des tentes, etc.

de cette croix, création sublime qui a enfanté tant de héros dans notre belle patrie, n'entre-t-elle pas en ligne de compte dans la pensée du soldat ou de l'officier? Cette croix ne sera-t-elle pas le prix du courage? La campagne finie, revenir décoré!.. Avec ces mobiles, en agissant sur notre esprit chevaleresque, esprit qui ne se perd pas en France, surtout dans nos armées, on peut faire de nos enfants ce que l'on veut; on peut tenter l'impossible.

—

Lorsque vint la guerre d'Orient, le seul moyen employé par le colonel pour maintenir parmi ses chacals une sagesse exemplaire, fut de déclarer, par un ordre du jour, *que tout homme qui commettrait une faute grave serait privé de l'honneur de faire la guerre.*

Aussi pendant les trois mois qu'ils passèrent à Oran et à Alger avec les autres troupes destinées à entrer en campagne, les zouaves ne méritèrent pas le plus petit reproche, ne commirent pas la plus légère infraction aux règlements.

C'était méritoire! Il est vrai que tous ces braves chacals voulaient voir l'Orient et se *cogner* avec les Russes. La main leur démangeait.

Hélas! tous ne devaient pas partir. On en laissait un certain nombre en Afrique. Il fallut une très grande sévérité pour empêcher plusieurs zouaves, qui s'étaient furtivement embarqués, de suivre leurs camarades.

Les cantinières s'en mêlaient aussi, — témoin la vieille Marie, la plus ancienne cantinière des zouaves. Elle avait fait pendant vingt années la guerre avec l'ancien 1er régiment; mais, à cause de son âge et de ses infirmités, elle avait été laissée au dépôt.

Mais la vieille Marie voulait suivre ses gas; elle prit le costume d'un soldat pour pouvoir s'embarquer. Reconnue au moment du débarquement à Alger, le colonel, tout en la félicitant de sa bonne volonté, fut obligé d'employer son autorité pour la décider à retourner à Oran.

Cette brave femme, connue de tous les anciens zouaves d'abord sous le nom de la *belle Marie*, plus tard sous celui de la *vieille Marie*, était devenue une des *chroniques* du bivouac. Souvent, le soir, pendant les veilles, au coin du feu, sous la tente ou dans la tranchée, les vieux soldats racontaient sur elle des histoires qui intéressaient vivement les auditeurs. Ils prétendaient, entre autres choses, que Marie, dont la beauté avait eu une certaine célébrité, avait joui autrefois d'une grande position dans le monde; que, devenue veuve, ayant laissé en France des enfants riches et ne voulant pas qu'ils eussent à rougir de leur mère, elle s'était « fait mourir légalement » en profitant de l'irrégularité d'une première organisation civile en Algérie, car elle était venue en Afrique à la suite des premières troupes d'occupation.

Quoi qu'il en soit de ces récits de nos zouaves, récits dont nous ne garantissons pas la véracité, il n'en est pas moins plus que probable que l'existence de la belle Marie (car nous préférons son premier nom à l'autre) cache tout un mystérieux roman.

IV

Ce qu'on peut faire avec de pareils hommes, on le devine bien. Trivulzio appelait la bataille de Marignan la *bataille des géants*, — huit mille Suisses luttant héroïquement contre cinquante mille Français! Qu'aurait-il dit des batailles livrées par les zouaves aux Kabyles, — ces zouaves des montagnes de l'Algérie, et aux Arabes, ces zouaves des plaines? Qu'aurait-il dit des combats livrés par les zouaves aux Russes sur les falaises de l'Alma, sur les rives de la Tchernaïa, à Malakoff et à Sébastopol? Qu'aurait-il dit de l'affaire sanglante de Palestro? Batailles de géants, tout cela, — batailles de géants et de démons ailés!

Avant de raconter la *guerre des taupes*, — comme les soldats appellent la guerre de siége, — où les zouaves eurent à lutter contre le froid, avant d'avoir à lutter contre les Russes, devant Sébastopol, il nous paraît intéressant de raconter une de leurs nombreuses expéditions de Kabylie, sous un soleil perpendiculaire, et sous les balles des montagnards des Babors. La mise en scène est différente, ainsi que les acteurs auxquels les zouaves ont à donner la réplique — à coups de baïonnettes.

« Ils s'en vont, l'arme à volonté,
Le rire en barbe, et haut la tête,
Cou nu, bonnet sur le côté,
Comme des coqs à rouge crête...
En les voyant passer, on sent
Qu'ils n'ont pas peur de teindre l'herbe
De la belle couleur du sang,
Ces prompts soldats au front superbe!...

V

L'Afrique — du moins ce morceau de l'Afrique qu'on appelle l'Algérie — ne nous appartient pas encore, malgré les victoires remportées sur les indigènes par nos soldats, depuis le premier jour de notre conquête.

Songez donc! Imposer notre civilisation, c'est-à-dire nos mœurs, nos lois, notre religion, — à des hommes qui ont horreur du joug, aux fils des Carthaginois, des Numides, des Vandales! L'Arabe veut rester libre; libre veut rester le Kabyle. Peuple nomade, vivant du produit de son fusil, sous la tente, ou sur la montagne! Quelques tribus se soumettent et demandent l'aman. Mais beaucoup s'y refusent, et, plutôt que de consentir à un rapprochement quelconque avec la civilisation, s'enfoncent le plus avant qu'elles peuvent dans le désert. Allez donc les y chercher

Au commencement de l'année 1852, l'influence française dans le Sud allait s'amoindrissant par suite des prédications fanatiques du shériff d'Ouargla, nommé Mohammed-ben-Abd-Allah, et les tribus Sahariennes menaçaient de nous échapper. Mohammed-ben-Abd-Allah avait une grande influence sur ces populations, particulièrement sur les Laghouat du Ksel, les Makna, et les Ouled-Sidi-Cheikh, qui, par la position avancée de leurs cantonnements, pouvaient être considérés comme gagnés à la cause de ce shériff. Ce dernier était venu les visiter, accompagné de goums nombreux.

On envoya quelques troupes vers ces tribus insoumises pour les forcer à rentrer au nord de leurs ksours, — villages fermés de murs en briques dans lesquels les indigènes du Sahara mettent les grains qu'ils ont achetés dans le Tell. Nos troupes revinrent à Mascara croyant l'insurrection avortée. L'insurrection se ralluma autour de Laghouat. Nouvelle expédition, commandé par le général Jusuf. Nouvelle soumission de la part des tribus. Le général Jusuf quitta Laghouat en y laissant un officier de spahis indigènes avec une vingtaine de cavaliers du Magzem, chargés de maintenir l'ordre.

En revenant à Djeffa, — qui est à quatre-vingts kilomètres de Laghouat, — le général Jusuf apprit qu'une partie des tribus révoltées s'était jetée dans la chaîne de montagnes qui sépare les oasis de Laghouat de la plaine du haut Chéliff. Des bandes de coureurs avaient poussé plus loin encore que le Djebel-Amour : elles étaient entrées, avec quelques tribus de ces montagnes, dans le pays des Harrars et sur le Chott-el-Chergui, où n'avaient pas tardé à se rendre les Laghouat du Ksel.

En présence de ces faits, le général Jusuf avertit le gouverneur-général, et trois colonnes furent immédiatement réunies à Oran, à Mascara et à Sidi-Bel-Abbès, et dirigées sur la limite du Tell, — c'est-à-dire sur Frenda, sur Saïda et sur El-Aricha. Elles devaient ensuite agir autour d'El-Biod, en tête du pays des Harrars, et au milieu des terres de parcours des Laghouat du Ksel.

Deux bataillons du 2e régiment de zouaves, — commandé précisément par le général Cler, — se trouvaient compris dans la colonne expéditionnaire partie d'Oran le 6 novembre 1852.

C'est le 2e de zouaves que nous allons suivre.

VI

Partie d'Oran le 6 novembre, la colonne expéditionnaire arrivait le 2 décembre dans la région des sables et des oasis dans le désert, après avoir campé le long des oueds, près des fontaines, après avoir traversé des bois, des torrents, des montagnes, ayant avec elle des goums soumis et des fantassins indigènes ralliés sur son chemin, ainsi que la deuxième colonne partie de Saïda.

Laghouat apparut bientôt, — point blanc perdu dans la plaine immense. Un oasis! Des palmiers, des figuiers, des grenadiers, des vignes, — des vignes! des vignes!

« Allez-y, terribles enfants,
Petits bien chaussés, soyez dignes,
Mourez ou rentrez triomphants,
Mais ne saccagez pas les vignes!... »

Entendez-vous, chacals, mes amis?... Hélas! Ce jour-là, ils eurent autre chose à faire qu'à s'occuper de respecter les pampres.

Le 3 décembre, le général Pélissier fit une reconnaissance autour de la place, avec les goums et la cavalerie de la colonne.

Le 4 décembre, à onze heures du matin, l'assaut de Laghouat fut ordonné. Les clairons sonnèrent la marche des zouaves!... Douze cents chacals s'élancèrent au pas de course vers les brèches, qu'ils escaladèrent sous une grêle de balles; et se précipitèrent comme une trombe sur les Arabes qui durent voir rouge, à ce moment-là. Ville basse et ville haute, tout fut bientôt en leur pouvoir. La Casbah seule résistait. Les zouaves enfoncèrent à coups de crosse et se précipitèrent dans l'intérieur de cette forteresse, la baïonnette en avant.

« La poudre a parlé, les clairons au vent
Sonnent la charge et la victoire;
La baïonnette a soif... elle demande à boire!...
En avant! En avant! Zouaves, en avant!... »

Elle dut bien se désaltérer, ce jour-là, la baïonnette, — car les zouaves lui donnèrent furieusement à boire!

La ville fut prise. Le 2e de zouaves eut soixante de ses soldats mis hors de combat, et le commandant Morand, un de ses plus intrépides officiers, fut tué. Comme compensation à ces douloureuses pertes, il reçut onze croix de la Légion d'honneur et sept médailles militaires. Ces braves zouaves ne les avaient pas volées, bien que, dans la *furia* de leur attaque, ils eussent saccagé les vignes. Les vignes, c'est sacré, zouaves!

Par l'expédition de Laghouat, la domination française dans le sud se trouvait ainsi assurée. C'était quelque chose! Cette conquête-là nous coûte cher, mais rien ne se fonde ici-bas sans sueurs de sang. L'Algérie sera un jour une seconde France, plus riche encore et plus féconde. Que sont les peines du Présent en face des promesses de l'Avenir?...

VII

Il faudrait un volume pour raconter convenablement les prouesses des zou-zous en Afrique, — et je n'ai à ma disposition que quelques pages. Je le regrette, car leurs expéditions dans la grande Kabylie, leurs razzias, leurs luttes avec les éléments et avec les hommes, ont un côté attrayant que n'ont pas toujours les batailles en rase campagne. La guerre de broussailles, — la guerre des bleus contre les blancs, des soldats de la République contre les Chouans, — a un pittoresque, un accent, un imprévu, une originalité qui manque aux guerres savantes. La tactique n'a rien à voir là dedans, absolument rien. Pourquoi employer des moyens connus en face de l'Inconnu? Et l'Afrique n'est-elle pas semée d'X?

Aussi quand vint la guerre de Crimée, — une guerre à l'européenne, — on se demanda quelle figure allaient y faire les *Africains*. Beaucoup d'entre eux n'avaient jamais quitté l'Algérie et n'avaient jamais, ou presque jamais, entendu gronder le *brutal*, — c'est-à-dire le canon. Comment allaient-ils se conduire en face des batteries russes? Ils avaient eu souvent trop chaud, dans le désert; ils allaient avoir trop froid en Crimée. Et le froid, c'est un ennemi féroce, quand on n'est pas habitué de longue date à lutter avec lui! Il vous désarme, le froid! Il vous fait tomber le fusils des mains : il vous trahit!

Mais toutes ces craintes étaient injurieuses. Les zouaves devaient bientôt prouver que rien au monde ne leur pouvait faire peur, — ni le froid, ni le chaud, ni la soif, ni la faim, ni la fièvre, ni le choléra.

« En avant! En avant! zouaves, en avant!... »

Le 12 avril 1854, le 2e de zouaves s'embarqua pour Alger.

Le 1er mai, le premier bataillon et l'état-major quittaient Alger sur le *Montézuma*; cinq jours après, le deuxième bataillon prenait passage à son tour, à bord du *Cacique*.

Le 14 et le 18 mai, les bataillons arrivaient à Gallipoli, et étaient dirigés sur le camp de la Grande-Rivière, à environ huit kilomètres au sud de la ville et en vue des Dardanelles.

Le 31, la colonne dont faisait partie le 2e de zouaves se dirigeait, en quittant les parages de Gallipoli, vers le nord, de manière à traverser la presqu'île et à arriver au fond du golfe de Saros.

Le 2 et le 3 juin, le 2e de zouaves s'éloignait de plus en plus des côtés de la mer de Marmara, et s'enfonçait de plus en plus dans la Thrace.

Mais ici, il faut céder la plume au vaillant mort qui s'appelait le général Cler, et qui a raconté si spirituellement l'histoire des zouaves dans le volume publié tout récemment par la librairie Michel Lévy. Il raconte mieux que nous, parce qu'il raconte *de visu* et *de auditu*, — la meilleure façon de raconter l'histoire.

VIII

« La colonne, dit le général Cler, marchait dans ce pays comme en Afrique. Les hommes portaient leurs tentes-abris et leurs vivres; sur des arabes et sur des mulets étaient les fourrages et les vivres de réserve. Le 19e bataillon de chasseurs à pied, d'avant-garde, précédait la colonne pour rendre les chemins carrossables. Ce bataillon laissa, burinées sur des pierres, quelques inscriptions qui, en rappelant l'esprit français, faisaient aussi allusion à l'apathie des Turcs. Nous en citerons deux : « Route impériale n° 1. Train de plaisir de Saint-Cloud à Constantinople, en touchant Gallipoli. » — « A la mémoire de l'activité turque, morte en couches d'une route inachevée! Le 19e bataillon de chasseurs à pied éploré. »

Au bourg d'Eginiskian, près duquel le régiment bivouaqua, la campagne est riche et assez bien cultivée par les Turcs et par les Grecs, qui l'occupent en commun. La mosquée, surmontée d'un vaste dôme recouvert en zinc, est fort belle : on y voit encore de grandes colonnes de granit qui ont dû appartenir à un temple grec ou romain. Une chaussée romaine bien conservée traverse ce bourg et reparaît de distance en distance jusqu'à Rodosto (ou Rodosjig), où elle se montre dans un parfait état de conservation.

Le 5, la colonne établit son bivouac à environ quatre kilomètres de Rodosto. Cette ville, beaucoup plus grande que Gallipoli, est industrielle, commerçante et peuplée par vingt-cinq à trente mille Arméniens, Grecs et Turcs. Les maisons s'élèvent en amphithéâtre sur la rive occidentale de la mer de Marmara, au fond d'une anse qui lui sert de port. Les ouvriers d'un même état sont réunis dans une même rue; ces rues, quelquefois couvertes, sont très mal percées et encombrées d'immondices de toute nature et de fumiers. Les mosquées y sont nombreuses, ainsi que les églises grecques; ces dernières sont en général richement ornées. La ville renferme dans son enceinte beaucoup de cimetières. Les Orientaux, qui ont un grand respect pour leurs morts, ornent leurs tombeaux avec luxe; dans plusieurs rues commerçantes, les murs des cimetières, percés de distance en distance d'ouvertures avec grilles dorées, font face aux boutiques. En arrière des grilles s'élèvent de riches tombeaux surmontés du turban quand ils recouvrent le corps d'un Turc, placés sous des arbres, des treilles et des bouquets d'arbustes à fleurs odorantes. A l'entrée de quelques maisons, dans une pièce couverte, espèce de vestibule, sont placés quelquefois aussi les tombeaux des ancêtres de la famille... touchant usage que cette nécropole du foyer domestique, qui, par sa présence constante, adoucit pour le mourant comme pour le parent qu'il laisse sur la terre l'amertume de la séparation éternelle!

En quittant Rodosto, le régiment fut dirigé sur Silivri, en remontant la rive occidentale de la mer de Marmara, dont la partie orientale, couverte de hautes montagnes, était toujours visible.

Pour trouver de l'eau potable, la colonne devait faire ses haltes et prendre ses bivouacs à quelque distance de la côte, dans l'intérieur des terres. La route suivie était jalonnée par les débris de la grande voie *gréco-romaine* qui reliait la Chernonèse de Thrace à Byzance. Cette voie, très praticable, était pavée avec des dalles de différentes formes près des rivières, sur les pentes et les abords des villages. Toute cette partie de la Thrace maritime est très légèrement ondulée, déboisée, peu peuplée, dépourvue d'eau et presque inculte, bien que ses terres soient très bonnes pour les céréales.

Un seul voyageur fut rencontré par la colonne : c'était un vénérable pacha, enfermé seul dans un lourd carosse recouvert de calicot blanc et suivi de quelques cavaliers dont l'un portait la *queue*, signe du commandement de son maître. Sans cette queue, le pacha aurait été pris pour un riche propriétaire cheminant à petites journées dans ses terres.

Avant d'arriver à Silivri, le 2ᵉ de zouaves traversa le torrent de Séraï, près de son embouchure, sur un pont de trente-deux arches, peu élevé, construit du temps du Bas-Empire.

La petite ville de Silivri est sans port, mais bien placée pour abriter les navires d'un faible tonnage qui font le cabotage dans la mer de Marmara. Le commerce de détail offre quelques ressources. Les vins de son territoire, qui ressemblent pour le goût à ceux de Chypre, sont renommés et méritent leur réputation; mieux soignés, ils seraient excellents. Comme toutes les villes de cette partie de la Turquie d'Europe, Silivri compte dans sa population plus de Grecs et d'Arméniens que de Turcs. Ces derniers ont une fort belle mosquée, précédée d'un bosquet qui couvre une mystérieuse fontaine destinée aux ablutions, et d'un péristyle soutenu par de grandes colonnes de granit provenant d'un temple grec. A l'heure de la prière du soir, cette mosquée était encombrée de nombreux et pieux musulmans. Quelques enfants, sous le péristyle, jouaient aux *derviches tourneurs*. Les enfants de tous les pays et de toutes les religions ont les mêmes idées d'imitation; cependant, en France, ils n'oseraient jouer à *la messe* sous le porche même d'une église.

Silivri est divisée en deux villes : la ville basse, abandonnée au commerce, habitée par les Turcs; la ville haute, où résident les Chrétiens, les Arméniens et les Grecs. Cette dernière est entourée de murailles en ruines élevées successivement par les Grecs, par les Romains, et enfin par les Turcs. Au fronton de la porte septentrionale existe encore, sur une longue plaque de marbre, une inscription *gréco-romaine* qui ne pourrait être déchiffrée que par un savant archéologue. Le zouave, appréciant beaucoup la vieillesse du vin et fort peu celle des monuments, le 2ᵉ régiment passa avec assez d'indifférence à côté de la porte de Silivri et sans essayer d'en traduire l'inscription. Malheureusement, il ne se trouvait pas parmi ces braves *chacals* un archéologue aussi distingué que ce zéphir du 2ᵉ bataillon d'Afrique qui, voyant à Cherchell les membres de la commission scientifique embarrassés devant une pierre tumulaire de l'antique *Julia Cæsarea*, portant les initiales suivantes : C... I... POL. E. NO. DE..., chercha à les tirer de peine en traduisant ainsi l'inscription à moitié effacée :

« *Celarius Inventavit POLkam Et NOa DEcoravitur.* »

Si la docte commission n'adopta pas complètement la savante conclusion du zéphir, toujours est-il qu'elle s'en amusa beaucoup.

En approchant de Silivri, on reconnaît l'influence qu'exerce toute capitale sur les contrées voisines. Les cultures sont plus soignées, les bourgs et les villages plus nombreux, mieux bâtis. Le costume des habitants, par les formes, les couleurs et les étoffes, offre plus d'analogie avec celui des populations du nord et de l'ouest de l'Europe.

Les hommes, les femmes, les enfants, se portaient volontiers sur le passage de la colonne. Tous examinaient curieusement les zouaves, dont le teint basané et le costume oriental excitaient l'attention et l'étonnement général. Plusieurs fois même la couleur verte du turban fit prendre ces braves soldats pour des pèlerins revenant de la Mecque. Singuliers *marabouts* que ceux-là!... On conçoit si de telles méprises prêtaient aux plaisanteries et portaient à la gaîté. Les femmes et les jeunes filles regardaient beaucoup les cantinières, qui, mises avec une certaine coquetterie et portant des vêtements empruntés à l'habillement des deux sexes, chevauchaient fièrement derrière la musique en tête du régiment. On les désignait généralement comme étant les femmes du harem du bey (le colonel), ce qui ne laissait pas que de flatter les cantiniers, leurs légitimes époux.

IX

En sortant de Silivri, le 2ᵉ de zouaves s'achemina vers Budjuk-Tchinedje, beau village bâti au fond d'un petit golfe traversé dans sa partie supérieure par un magnifique pont de vingt-huit arches et ayant environ huit cent mètres de longueur. Ce pont, construction gréco-romaine, a été complétement restauré en 1738 sous Sélim III, ainsi que l'indique une inscription. Après Budjuk-Tchinedje, la colonne gravit une belle chaussée, la première qu'elle eût encore rencontrée dans ce pays. Elle atteignit ensuite la crête d'une montagne et put jouir alors d'un des plus splendides panoramas qu'il soit donné à l'œil de contempler et dont le souvenir reste éternellement gravé dans la mémoire.

L'heure était peu avancée; les premiers moments de la journée avaient été orageux; le temps, d'abord bas et sombre, se leva tout-à-coup, le ciel, en s'éclairant, devint radieux et d'un bleu d'azur. Constantinople n'était plus qu'à vingt-quatre kilomètres. Sous un horizon lointain et comme illuminé par les rayons obliques du soleil levant, apparaissaient mille dômes et les minarets en aiguille de la grande ville de l'Orient, se détachant dans les airs au milieu des tièdes vapeurs du matin. Les soldats étaient trop éloignés de la vieille Stamboul pour distinguer ses murailles, partie matérielle de cette apparition; mais la partie aérienne de l'immense cité, encore mystérieusement voilée par un rideau blanchâtre déchiré çà et là par les rayons d'un soleil de juin, s'offrait à leurs regards avec toute sa poésie vaporeuse. Sur la gauche, comme pour encadrer ce magique tableau, les chaînons mamelonnés de l'antique Hémos; au delà des minarets, les montagnes dentelées de l'Asie; sur la droite, la mer de Marmara, calme, unie, dont les flots paisibles et resplendissants de lumière baignaient les rochers des îles d'Antigona et des Princes. Plus à droite enfin, la côte d'Asie, s'élevant à pic, dominée à l'horizon par l'Olympe, couvert de ses neiges éternelles. C'était la réalisation des plus beaux rêves sur l'Orient!...

Les zouaves se laissaient aller à une sorte d'extase, remplacée bientôt par un vif mouvement de satisfaction, en pensant qu'ils allaient entrer à Constantinople, comme jadis les Légions romaines, les Croisés, les Chevaliers chrétiens et les Osmanlis. Ils suivaient la route foulée plusieurs siècles avant eux par Constantin, par Baudoin et par Mahomet II.

Officiers et soldats, en voyant se dérouler à leurs pieds ce tableau grandiose et sublime, restèrent un instant muets d'admiration; puis chacun, comme saisi d'un certain sentiment de respect pour la vaste cité des empereurs d'Orient, descendit silencieux et impatient les flancs de la montagne.

Le soir, la colonne bivouaqua sur les bords d'un frais ruisseau, près d'un caravansérail nommé Kharamikhan (*Auberge des Ruines*), non loin d'un groupe de chênes, de platanes et d'ormes séculaires, dont plusieurs avaient plus de huit mètres de circonférence.

Le lendemain, à la pointe du jour, elle franchit la distance qui la séparait de Daoud-Pacha.

Le colonel, après avoir établi sa troupe autour de Daoud-Pacha, vaste caserne orientale, se dirigea, avec une partie de ses officiers, vers Constantinople, qu'on apercevait alors distinctement à quelques kilomètres. Les jeunes officiers étaient impatients de contempler de près une ville aussi célèbre et de se mêler à ses populations, populations, du reste, il faut l'avouer, beaucoup trop poétisées par la riche imagination des Occidentaux.

En voyant de près ces splendeurs de l'Orient tant chantées de l'autre côté des Alpes, on est bien souvent tenté de se demander si l'Occident n'aurait pas le droit de réclamer pour lui, et de préférence à l'autre partie du globe, le prix de la poésie imaginative!...

De loin, Constantinople offre un aspect des plus pittoresques; mais, qu'il arrive dans cette vaste cité par mer ou par terre, le voyageur, s'il veut garder ses illusions, doit... éviter de poser le pied dans la ville. Le côté poétique de Stamboul, mirage trompeur, disparaît au fur et à mesure qu'on s'en approche, pour faire place au prosaïsme d'une froide réalité.

Pendant les sept jours que le 2e de zouaves passa à Constantinople, les soldats purent visiter les monuments de la ville. Le régiment était un des premiers de l'armée française dirigé sur cette grande cité. On regardait les zouaves avec curiosité, et plus d'une fois les musulmans, les prenant pour des Arabes, *souvent même pour des pèlerins de la Mecque*, les laissèrent pénétrer dans leurs mosquées. Ils purent donc, en déposant leurs souliers à la porte ou en les tenant à la main, visiter Sainte-Sophie, cette immense et somptueuse basilique bâtie par les chrétiens et qui a servi de modèle, après la chute de leur empire, aux architectes qui ont construit une partie des mosquées de Constantinople. Cette vaste mosquée, précédée de cours, de bazars, de pavillons, de jardins et de fontaines, forme à elle seule tout un quartier. Le dôme, partie principale de l'édifice, a un diamètre double de celui du Panthéon. L'ensemble de l'édifice, vu d'en haut, ressemble, au dire des zouaves, à une moitié d'œuf d'autruche flanquée d'œufs d'oie, de poule ou de pigeon. De larges galeries fermées précèdent la base du dôme, qui repose intérieurement sur des portiques soutenus par d'énormes colonnes de granit et de porphyre vert. L'intérieur du temple est orné de fresques et de grilles dorées. Aux murs sont suspendus de grands tableaux sur lesquels sont inscrits, en lettres d'or, les versets du Coran. Vers le milieu de la journée, les musulmans encombrent les cours extérieures, les galeries, les portiques et l'intérieur de la mosquée : les uns se livrent à des transactions de toute nature, les autres se promènent.

X

A son arrivée à Constantinople, le régiment avait été campé autour de Daoud-Pacha, caserne située à une demi-lieue de la partie ouest de la ville. Pendant le sejour qu'elle fit dans cette antique cité, la 3e division fut passée en revue par le sultan; elle se forma en bataille près du village d'Eyoub. Les troupes françaises et turques étaient divisées en plusieurs lignes sur le terrain qui s'élève en éventail entre le haut de la Corne-d'Or et la vallée où coulent les eaux douces d'Europe, ce bois de Boulogne de Constantinople. Ce vaste espace, disposé en amphithéâtre, s'ouvre vers l'orient. Placés dans sa partie supérieure, les régiments avaient devant eux les populations musulmanes, et surtout les chrétiens grecs et les Francs accourus pour voir les soldats de l'Occident. Derrière cette muraille vivante, bariolée de mille couleurs, apparaissait Constantinople avec ses dômes, ses minarets et ces cyprès séculaires; puis, plus sur la gauche, les eaux de la Corne-d'Or, traversées par des ponts de bateaux et bordées par les maisons, la tour de Galata, et les édifices plus élevés des ambassades et de Péra. Enfin, au delà du Bosphore, Scutari, cette Stamboul de l'Asie, puis les chaînons neigeux de l'Olympe fermaient vers l'orient ce magnifique panorama, qui avait pour dôme un ciel azuré éclairé dans ce moment par un splendide soleil d'été. En parcourant le front du régiment, le Grand-Seigneur, frappé d'étonnement à la vue de l'air martial des zouaves et de l'étrangeté de leur costume, qui lui rappelait celui des vieux Osmanlis, exprima hautement son admiration. Le lendemain de cette revue, la division partait par mer pour Varna, point autour duquel devait se réunir l'armée française dite d'Orient.

Varna est une ville un peu plus considérable que Gallipoli, mieux bâtie, offrant plus de ressources, et assez bien fortifiée. En 1829, elle eut la gloire d'arrêter, pendant cinq mois entiers, l'armée russe, et peut-être n'eût-elle pas été prise sans la trahison de son pacha. La rade de Varna, ouverte aux vents de la mer Noire, n'offre aucun abri. Il faudrait dépenser plusieurs millions pour y construire une darse.

Une partie de l'armée anglaise, le contingent égyptien et quelques régiments turcs se trouvaient déjà autour de la ville. Ces troupes appartenant à des peuples si opposés de mœurs, de costume, de langage, réunis sur un même point du globe, venus de l'Asie, de l'Europe et de l'Afrique pour défendre une même cause, offraient un grand enseignement. Car l'harmonie qui régnait parmi tous ces hommes était bien la plus grande preuve de la tendance de toutes les nations du monde à se rapprocher les unes des autres, à unir leurs efforts pour s'opposer à d'injustes prétentions.

C'était, du reste, un bizarre spectacle que celui offert par cette agglomération. Ici, l'Anglais, l'Irlandais et l'Ecossais à la figure blanche et rose, aux yeux couleur d'azur, au costume éclatant; là le Français au visage ouvert, expressif, narquois, ayant emprunté aux uniformes de tous les peuples ce qu'ils peuvent avoir de commode ou de coquet; plus loin le Turc à la pose calme, au maintien plein de dignité; puis l'Algérien à la face anguleuse et cuivrée; l'Egyptien aux cheveux crépus, aux vêtements bariolés, aux traits vieillis; enfin l'habitant de la Nubie, avec ses grosses lèvres et sa peau d'ébène; tout cela se croisant dans les rues étroites d'une ville bulgare, à quelques lieues du grand fleuve de l'Europe, non loin des soldats russes...

L'ennui gagna bientôt le 2e de zouaves, comme tous les autres corps, et il exprima *chaudement*, pendant une revue passée par le maréchal de Saint-Arnaud, l'ardent désir qu'il avait de marcher à l'ennemi. Ce moment arriva enfin. Vers le milieu du mois d'août, l'ordre de partir pour la Crimée ayant été connu, le régiment se prépara gaîment à entreprendre cette expédition lointaine et aventureuse.

L'effectif du régiment devait être réduit, pour l'embarquement, à mille deux cent cinquante hommes; huit cents devaient donc rester en Bulgarie pour y attendre le retour de la flotte.

Les regrets qui s'étaient déjà manifestés à Oran à la formation des bataillons de guerre se reproduisirent de nouveau, et avec tant de force que le colonel dut employer toute son autorité pour obliger une partie de ses zouaves à rester au camp. Les officiers et les sous-officiers furent désignés à leur tour de détachement.

XI

Le 2 septembre, la 3e division quitta son camp pour aller s'embarquer dans la rade de Baltchick : l'état-major et huit cents hommes du 2e de zouaves prirent passage à bord du vaisseau le *Bayard;* 400 hommes furent placés sur le vaisseau l'*Alger;* les chevaux et mulets furent embarqués sur le tranport le *Duë-Fratelli*. Chaque zouave emporta dans son sac vingt-cinq jours *de vivres d'ordinaire achetés à Varna*. Quoique très chargés, les hommes avaient obéi avec plaisir à cet ordre de leur colonel, car ils savaient que le pays où ils allaient faire la guerre était dénué de ressources, et que, pendant les jours qui suivraient le débarquement, les ravitaillements seraient peut-être impossibles.

Du 2 au 6 septembre, les vaisseaux français attendirent, dans la baie de Baltchick, l'arrivée de la flotte anglaise. Le 6, l'appareillage fut commandé, et la flotte prit la direction du nord.

L'équipage du vaisseau le *Bayard*, sur lequel était la plus grande partie du 2e de zouaves, était atteint du choléra. Les soldats du 19e bataillon de chasseurs à pied, embarqués sur le même bâtiment, y avaient apporté le germe de cette cruelle maladie.

Le 8 septembre, le nombre des malades s'étant considérablement accru, une partie de la première batterie fut convertie en ambulance; les jours suivants, presque tous les infirmiers furent atteints par le choléra; le colonel des zouaves fut obligé de faire un appel au dévoûment de ses hommes pour arriver à former un nouveau corps d'infirmiers.

Les zouaves soignèrent les malades avec abnégation, charité et courage; vingt d'entre eux, commandés par le sergent Gounneau, furent chargés de ce périlleux devoir. Le sergent Gounneau fut nommé chevalier de la Légion-d'honneur quelque temps après, et tous ses hommes reçurent des récompenses.

Pour diminuer les ennuis d'une longue traversée, autant que pour détourner l'esprit des soldats et des matelots du triste spectacle qu'offrait la première batterie, où étaient les cholériques, le colonel s'entendit avec le capitaine de vaisseau Borius, commandant du *Bayard*, pour organiser à bord plusieurs divertissements. Chaque jour, après le repas du soir, la musique des zouaves jouait des quadrilles, des valses et des polkas. Matelots, mousses et soldats se livraient aux exercices chorégraphiques les plus excentriques.

Les officiers garnissaient la dunette, les zouaves et les chasseurs grimpaient sur les bastingages et les basses échelles, les matelots occupaient les hunes et les basses vergues du grand mât et de l'artimon.

Après le bal, les chanteurs, sous la direction du zouave R..... grimés et burlesquement costumés, ayant pour théâtre la galerie de la dunette, achevaient de dérider les visages les plus sérieux en faisant entendre des chansons comiques et grivoises. Le zouave R... avait été cassé du grade de caporal quelques jours avant la formation à Oran des bataillons destinés à l'armée d'Orient. Remis au 3e bataillon, devant rester en Algérie, il se souvint que le colonel lui avait manisfesté autrefois de l'intérêt, et il lui demanda pendant une revue d'être placé aux bataillons de guerre. — Je t'accorde ta demande, lui répondit le colonel, bien que je réserve ces faveurs pour les bons soldats; mais tu vas me promettre que tu te feras tuer à la première bataille, afin de débarrasser ta famille d'un mauvais sujet. R... accepte avec résolution la condition qui lui est imposée, et il dit à son colonel que mort ou vivant il saurait de nouveau mériter son affection. Gai, très spirituel et plein d'entrain, R... rendit des services au régiment en organisant toutes les sociétés de chanteurs, dont il était certes l'acteur le plus fécond et le plus comique; avant le débarquement, le colonel voulut le nommer zouave de 1re classe, R... demanda à voir ajourner cet avancement jusqu'à la première bataille. Non-seulement il mérita d'être élevé à la 1re classe à l'Alma, mais plus tard il obtint les grades de caporal et de sergent, et la médaille militaire, en allant pendant la nuit, au péril de ses jours, reconnaître les ouvrages avancés des Russes et les faubourgs extérieurs de Sébastopol.

Les officiers et les matelots du *Bayard* firent, pendant la traversée, l'accueil le plus sympathique aux officiers et aux soldats qui avaient pris passage à leur bord. Non content de leur prodiguer la meilleure partie de leur approvisionnement particulier, il glissèrent, au moment du débarquement, dans les cantines des officiers et les sacs des soldats, bon nombre de provisions fraîches, qui furent d'un très grand secours pendant les premiers jours passés à terre.

XII

Le 13 septembre, la flotte était en vue des côtes de Crimée. Le 14, au matin, l'armée opéra son débarquement sur le sol de la Russie, à Old-Fort.

Mais les zouaves n'étaient pas encore en face de l'ennemi. Le lendemain de leur débarquement, le lendemain seulement, ils poussèrent une pointe pour chercher du bois et de l'eau, et rencontrèrent un village russe à une lieue en avant des avant-postes.

— Oh! oh! dirent les chacals, la danse va donc enfin commencr.

Et ils préparèrent leurs clarinettes de cinq pieds.

La danse ne commença pas, les clarinettes n'eurent aucun air désagréable à chanter pour le moment aux oreilles des Russes, — vu que les Russes étaient absents, pour cause de peur. Le village était désert comme un désert, et le château qui s'y trouvait était seul habité — par des amis, à savoir quelques compagnies de riffles anglais.

Nos maraudeurs, désappointés, se *revengèrent* de cette éclipse russe en imaginant une mascarade pour leur rentrée au camp. Ils firent connaissance d'une de ces petites calèches particulières à la Crimée, qui ressemblent à nos briskas, et y placèrent un zouave, burlesquement accoutré, ayant à côté de lui un veau d'un bon nombre de semaines, affublé d'attifets de femme découverts je ne sais où, — dans le même lieu que la calèche probablement. C'était une plaisanterie un peu ronde-bosse, et d'un goût douteux, mais les zouaves ne sont pas plus délicats en plaisanteries qu'en autres choses. Ils ne connaissent que l'honneur, la fidélité au drapeau, le patriotisme; sortis de là, ce sont des grivois, des plaisantins, des farceurs. Ils jouent avec tout comme ils jouent avec la vie. Les zouaves n'ont pas été créés et mis au monde pour faire les jolis-cœurs et les blondins auprès du sexe? Tant pis pour ceux ou celles que cela fâche!...

Le 19 septembre, l'armée quittait Old-Fort pour se mettre en marche dans la direction de Sébastopol, en restant toujours en communication avec la mer. Dans l'après-midi, les troupes s'établirent dans un lieu nommé Kermani-Kava-Savia, en avant d'un petit cours d'eau desséché, sur des mamelons peu élevés, faisant face, à une distance d'une lieue et demie, aux hauteurs de l'Alma, occupées par l'armée du prince Mentschikoff.

Pendant la journée, l'ennemi envoya quelques

escadrons de cavalerie et de l'artillerie à cheval pour reconnaître les alliés. Des coups de canon furent échangés entre les Anglais et les Russes. Ces derniers se bornèrent à examiner de loin les troupes françaises, sans chercher à avoir un engagement avec elles; les grand'gardes étaient si rapprochées des corps russes que pendant quelque temps les zouaves crurent avoir devant eux des Anglais.

Le soir, le prince Napoléon, en revenant du grand quartier-général, où il avait été recevoir les instructions du général en chef, prit à part le colonel du 2ᵉ de zouaves, et il lui dit : « Connaissant la bravoure de votre régiment, je le placerai au poste le plus périlleux, qui sera aussi celui où il y aura le plus de gloire à acquérir. »

Le colonel remercia le prince avec effusion, et l'assura, tant en son nom qu'en celui de son régiment, que les zouaves se rendraient dignes de sa haute estime et de sa confiance.

Le centre de l'armée ne devant se mettre en marche que deux heures après le départ des ailes, la diane fut retardée; mais quand elle se fit entendre, déjà depuis longtemps les zouaves étaient levés, et s'occupaient, les uns à préparer le café, les autres à nettoyer et à recharger leurs fusils.

Le colonel rassembla autour de lui les officiers et les sous-officiers, tandis qu'à peu de distance se tenaient les soldats, qui (comme dans les circonstances de ce genre) étaient *tout oreilles*, et leur donna des instructions pour le combat; puis il dit à son régiment : « Vous serez placés, pendant la bataille, entre le 1ᵉʳ de zouaves, votre digne émule de gloire, et les Anglais, les anciens ennemis de la France, aujourd'hui nos alliés. Chacun de vous doit tenir à honneur de ne point se laisser dépasser. Souvenez-vous tous, qu'enfants de cette race héroïque qui a illustré par ses conquêtes les premières années du siècle, vous êtes appelés, dans une guerre européenne, à illustrer le second Empire par de nouvelles victoires. »

Leur montrant l'armée russe, rangée sur les hauteurs de l'Alma, il termina ainsi : « Vous serez placés en première ligne; avant d'arriver à l'ennemi, vous aurez à franchir une rivière, des fourrés et des pentes rapides; une fois la bataille engagée, elle doit être conduite à l'*africaine*. Après un premier succès, abordez les Russes avec la vigueur qui vous a si souvent réussi pour déloger les Kabyles de leurs formidables positions. »

Vers sept heures, le régiment était prêt à partir, comme l'ordre en avait été donné. N'étant pas dans la confidence de ce qui se passait sur la ligne, les hommes ne pouvaient comprendre les retards successifs qui firent remettre à onze heures la marche du centre de l'armée. Leur mauvaise humeur se traduisait par des réflexions qui devaient ressembler à celles que l'on prête aux grognards du premier Empire, quand ils assistaient l'arme au bras à une bataille.

Le colonel, pour leur faire prendre patience, ordonna de préparer un second café. Le prince Napoléon, qui causait volontiers avec eux, cherchait aussi à les calmer par des paroles bienveillantes. Le maréchal de Saint-Arnaud vint les voir à son tour, et, comme il les engageait à prendre un café : « Le colonel nous en a déjà fait donner deux, » lui dirent les zouaves. — « Eh bien! puisque votre colonel vous a fait prendre deux cafés, je veux vous payer le *pousse-café*, mais ce sera là-haut dans le camp ennemi, » leur dit le maréchal en leur montrant les hauteurs de l'Alma.

« Vive le maréchal! » crièrent les zouaves. — « Vive ceux qui seront debout ce soir! » répondit le maréchal.

Parti entre onze heures et midi de son bivouac de Kermani-Kava-Savia, le régiment, placé en première ligne, et à la droite de la 3ᵉ division, était précédé, à deux cents pas, par deux compagnies déployées en tirailleurs.

A midi et demi, les tirailleurs du régiment entrent dans la partie droite du village de Bourliouk et dans les jardins qui bordent la rive droite de l'Alma. A ce moment, l'ennemi, qui a fait engager le feu par ses troupes légères armées de carabines de précision, entame la canonnade. Quelques boulets tombent sur la première ligne; le colonel fait déployer ses deux bataillons, et renforce les tirailleurs par la 2ᵉ compagnie du 2ᵉ bataillon.

Les soldats des deux bataillons en arrivant près des jardins, sur l'ordre qui leur en est donné, posent leurs sacs à terre, afin d'être plus légers et plus libres dans leurs mouvements.

Le 1ᵉʳ bataillon prend position dans le lit même de l'Alma, rivière vaseuse et fortement encaissée, près d'un gué traversé par la route conduisant sur les hauteurs; le 2ᵉ reste à gauche et un peu en arrière, près des jardins.

Le 2ᵉ de zouaves ne pouvait rester longtemps dans sa première position; les compagnies de tirailleurs, vivement engagées dans les fourrés des berges, allaient se trouver compromises, il fallait prendre une détermination décisive.

Sur un mamelon détaché des plateaux qui dominaient la vallée de l'Alma, mamelon s'avançant obliquement en éperon sur la rivière, trois bataillons russes étaient placés en avant de toute la ligne ennemie. L'arête descendante du mamelon, beaucoup trop raide, ne pouvait être efficacement défendue par leur feu; les pentes de droite et de gauche, s'ouvrant du côté de l'armée française, devaient, au contraire, être facilement labourées par l'artillerie ennemie, la 1ʳᵉ division allait aborder la gauche de cette position, et les pentes abruptes placées dans son prolongement du côté de la mer.

Les zouaves traversant le canal et gravissant la haute

st établie une batterie autrichienne; combat du 31 mai.

Le colonel du 2e de zouaves, comprenant la nécessité d'une brusque attaque, demande et obtient de son général de brigade l'autorisation d'enlever avec son premier bataillon la tête même du contre-fort.

Dans ce moment, un des aides-de-camp du prince Napoléon, le capitaine Ferri-Pisani, qui avait reconnu le lit de la rivière, apporte au général de Monet l'ordre de faire passer sa brigade par le gué que traversait la grande route, et d'essayer de franchir l'Alma par la gauche.

Le colonel du 2e de zouaves s'est porté aussitôt à son premier bataillon, placé, comme il a été dit plus haut, dans le lit de l'Alma. L'artillerie ennemie couvre de ses feux la partie basse de la vallée et la sortie du gué; les branches des grands arbres qui bordent le cours d'eau, brisées par les boulets, tombent de toutes parts; les obus éclatent sur la berge, les rampes sont couvertes de mitraille.

Les zouaves se préparent à gravir la berge pour sortir de la rivière; le colonel fait sonner la charge, lance son cheval; il est suivi par son premier bataillon. L'élan est donné : les soldats ne pouvant suivre la chaussée, enfilée par l'artillerie ennemie, se jettent à droite, traversent de nouveau, sous une grêle de fer et de plomb, la rivière, dont le cours sinueux forme une S dans cette partie, puis ils escaladent le bord, et se rallient au pied du mamelon occupé par les bataillons russes. Les zouaves sont abrités par la raideur même de l'arête de ce mamelon.

Sans perdre de temps, le bataillon grimpe le contre-fort, et arrive sur les Russes au moment où ces derniers étaient pris en flanc par le 1er régiment de zouaves. Après un court combat, l'ennemi abandonne sa formidable position en y laissant ses blessés, ses sacs et des armes.

Le 2e bataillon du 2e de zouaves avait appuyé sur la gauche le mouvement offensif du 1er bataillon, le régiment de marine avait suivi le mouvement, en sorte que bientôt toute la brigade de Monet fut engagée avec les Russes.

Maître des premières pentes du plateau, le 1er bataillon du régiment, malgré un feu meurtrier, se forme en colonne, à demi-distance, en face d'une longue ligne de bataillons russes en colonne. Près de lui, à sa droite, sont le 1er de zouaves et les 1er et 9e bataillons de chasseurs à pied. Le 2e bataillon du 2e de zouaves, qui a eu, pour opérer son mouvement, à parcourir plus de chemin, et à vaincre de grandes difficultés de terrain sous la mitraille, se rallie péniblement à gauche du 1er placé en potence près des bataillons de la 1re division, qui achèvent leur déploiement.

Le 2e bataillon du 2e de zouaves en colonne par division, à distance de peloton, se tient prêt à se former en bataille sur quatre rangs de profondeur pour résister à une charge de la cavalerie russe qui devient imminente et qui menace le flanc gauche de la ligne.

Cette position n'est pas sans danger; sous le feu de plusieurs batteries et de nombreux bataillons, le régiment voit tomber un grand nombre d'hommes frappés par les balles, les boulets et la mitraille.

D'un autre côté, tenter un déploiement à portée d'un ennemi qui occupe en force de bonnes positions, semblait une manœuvre des moins certaines.

La situation déjà difficile pouvait devenir critique; le colonel du 2e de zouaves craint d'assister à la destruction de son beau et bon régiment; il se décide à une de ces attaques hardies qui souvent ont réussi aux troupes françaises.

Les zouaves étaient pleins d'ardeur; le maréchal, en voyant le premier élan des troupes, s'était écrié : « Laissez-les faire, c'est une bataille de soldats. » Le colonel donne la direction vers la tour octogonale destinée à recevoir un télégraphe et placée sur le point culminant de la ligne ennemie.

« A moi, mes zouaves, dit-il à ses vieux chacals, en lançant son cheval au galop; à la tour! » Et tous le suivent au pas de course.

Le 1er de zouaves opère le même mouvement; les deux régiments arrivent au pied de la tour, dont ils s'emparent malgré la défense de deux compagnies de tirailleurs armés de grosses carabines.

En arrière, et sur la position, sont placées les réserves de l'ennemi, échelonnées à droite et à gauche, de façon à pouvoir croiser leurs feux sur le terrain en avant de la tour.

Le 2e de zouaves et les bataillons de la première ligne, sous les ordres du général Canrobert et du colonel Bourbaki, engagent sur ce point un combat d'autant plus acharné, que tous, officiers et soldats, comprennent que là est la clef de la position, le nœud de la bataille.

Le colonel Clér, qui est arrivé le premier au pied de la tour, saisit l'aigle de son régiment, l'arbore sur l'échafaudage au cri de : « Vive l'Empereur! »

Le sergent-major Fleury du 1er de zouaves, qui a pu atteindre les échafaudages supérieurs, soutient un instant le drapeau. Il tombe frappé à la tête par une balle de mitraille.

Le drapeau du 1er de zouaves a suivi de près celui du 2e de zouaves; sa hampe est bientôt brisée par un éclat d'obus.

Le prince Mentschikoff fait commencer la retraite.

Pendant que le 2e de zouaves se forme en bataille à gauche du télégraphe, le colonel, qui peut disposer de nombreuses vacances, distribue des récompenses à ceux de ses soldats qu'il a remarqués pendant l'action ou qui lui sont signalés par les officiers des compagnies; il élève à la première classe tous les zouaves qui ont continué à combattre. Le prince

Napoléon exprime toute sa satisfaction au régiment, puis, prenant les mains du colonel, qu'il serre avec effusion : « Je suis heureux, lui dit-il, mon cher colonel, de vous féliciter... Comme vous devez être fier de commander de pareils soldats!... »

Le maréchal de Saint-Arnaud vient féliciter la division Napoléon. Il passe devant le front du 2e de zouaves, s'arrête devant l'aigle, et dit au colonel : « Cette fois, Cler, c'est le nom de l'Alma qui sera brodé sur votre drapeau. »

XIII

Le 24 septembre, l'armée se dirigea vers le Belbeck, espérant qu'après avoir traversé cette rivière, elle bivouaquerait le soir au nord et en vue de Sébastopol.

Au passage seulement, les colonnes reçurent l'ordre d'appuyer à gauche, ce qui fit penser aux soldats que le premier plan était modifié et que la place devait être tournée.

Le soir, l'armée campa au milieu d'un bois, sans savoir au juste de quel côté se trouvait l'ennemi.

Le 25, l'ordre de marche fut complétement changé. Les Anglais, qui avaient toujours été placés à gauche, prirent l'avant-garde. Les divisions françaises essayèrent de marcher à droite de la route; mais elles furent arrêtées à chaque instant par les fourrés du bois, et par la queue de l'armée anglaise, qui n'avançait que très difficilement. Ces divisions passèrent la journée sous les armes, et, après avoir vaincu de grandes difficultés, elles n'arrivèrent au bivouac de la ferme de Mackensie qu'au milieu de la nuit. Les soldats avaient souffert pendant la marche de la chaleur et de la soif; en s'établissant au bivouac, ils cherchèrent vainement de l'eau. Ils durent passer le reste de la nuit sans boire et sans pouvoir faire le café. Vers le matin, un zouave, qui était descendu au fond d'un puits presque desséché en se faisant attacher par plusieurs turbans liés les uns aux autres, trouva un peu d'eau qu'il s'empressa d'apporter à ses officiers.

Les soldats baptisèrent cet affreux bivouac du nom de *Camp de la soif*. Les Anglais, en arrivant dans la soirée sur le plateau de Mackensie, l'avaient trouvé occupé par la division russe qui formait l'arrière-garde de l'armée du prince Mentschikoff. Telle fut la précipitation que les troupes russes mirent dans leur retraite, qu'elles abandonnèrent sur le terrain beaucoup de voitures chargées de vivres, et qu'une batterie d'artillerie culbuta ses chariots, chargés de munitions, sur la gauche de la rampe qui descend du plateau de Mackensie dans la vallée de la Tchernaïa.

Un zouave nommé Rousseau, trouva au fond d'un ravin les deux étendards d'une batterie d'artillerie; il les apporta à son colonel, qui le nomma caporal et le conduisit avec sa prise au prince Napoléon. Le prince félicita le nouveau caporal et lui dit : « Prenez ces quelques pièces d'or *qui portent l'effigie de mon père*, et conservez-les comme un souvenir du jour où vous avez reçu votre premier grade. »

Le 26, l'armée descendit du plateau de Mackensie pour se diriger, par la route de Balaclava, sur la vallée de la Tchernaïa.

Arrivée à la Tchernaïa vers le milieu de la journée, la division passa cette rivière et établit son bivouac sur le versant des monts Fédioukines, en arrière du canal qui conduit les eaux de la Tchernaïa à Sébastopol.

Le lendemain, l'armée française se rendit dans la plaine de Balaclava. Lorsque les officiers du 2e de zouaves passèrent devant la maison où était lord Raglan et son état-major, un aide-de-camp vint prier le colonel d'entrer pour recevoir une communication de son général.

Lord Raglan désirait faire parvenir le plus tôt possible un avis très important au général Canrobert. Il était, en effet, de la plus haute importance pour ce dernier d'apprendre que, d'après le rapport des espions, l'armée du prince Mentschikoff, en marche sur Baktchi-Saraï, revenait par la haute Tchernaïa et pouvait déboucher d'un instant à l'autre sur les lignes de l'armée des alliés. Le colonel du 2e de zouaves se rendit immédiatement au bivouac du nouveau général en chef, établi dans les jardins de Balaclava. A peine de retour au milieu de ses zouaves, il reçut l'ordre de faire prendre les armes à son régiment pour accompagner le général en chef et le prince Napoléon, qui allaient pousser une reconnaissance jusqu'à un mamelon très élevé dominant les collines qui partagent en deux la plaine de Balaclava et courent parallèlement aux monts Fédioukines. Ce mamelon formait la clef des débouchés de la basse plaine de Balaclava, où bivouaquait en ce moment toute l'armée des alliés.

Le 2e de zouaves s'y établit, ainsi que deux bataillons turcs et deux bouches à feu. En cas de retour de l'armée russe, ces troupes avaient ordre de se maintenir, coûte que coûte, dans cette position, et de ne pas l'abandonner. Le lendemain matin, les rapports des espions ayant annoncé que le prince Mentschikoff avait repris son mouvement de retraite vers le nord, le mamelon fut abandonné. Il prit par la suite le nom de *mamelon Canrobert*.

Le 29, la 3e division quitta son bivouac de la plaine de Balaclava pour aller occuper le plateau de Chersonèse. Le lendemain 30 octobre, dans la soirée, elle se porta sur l'emplacement qui devait être le sien pendant le siége, à droite de la 4e division, dans une dépression du sol couverte de broussailles et de vignes, en arrière d'une maison appelée plus tard *Maison des Zouaves*.

Pendant l'opération qui devait compléter l'investissement de la partie sud de Sébastopol, cette maison, d'une belle apparence, placée sur une élévation, à portée de canon de la place, fut occupée par deux compagnies du régiment. L'intendant parlait assez bien le français; il vint au-devant du colonel pour lui annoncer que son maître, ingénieur d'origine anglaise, qui avait dirigé la construction des bassins du port de Sébastopol, ne serait pas fâché d'apprendre que sa demeure était occupée par les troupes françaises. Il ajouta que les Russes, pleins de reconnaissance pour les services qui leur avaient été rendus par l'ingénieur, respecteraient sa maison, et qu'aucun projectile ne serait dirigé sur elle. Puis, prenant à part le colonel, il l'avertit que, les caves étant pleines de vin, ses zouaves pourraient réparer l'abstinence à laquelle ils étaient sans doute condamnés depuis leur débarquement en Crimée.

Cette trouvaille, toute heureuse qu'elle était, ne laissait pas que de donner quelques inquiétudes au colonel. Quelque assuré qu'il pût être de la soumission de ses zouaves, il ne les croyait pas assez vertueux, lui absent, pour passer toute une nuit sans succomber à la tentation, à côté de tonneaux remplis de ce jus de la treille pour lequel les soldats de toutes les nations du monde professent un si véritable culte. Il réunit le poste qui devait garder la maison pendant la nuit; il le plaça sous le commandement du capitaine Blanchet, vigoureux officier, et il avertit les zouaves que « la maison et ses caves lui avaient été livrées avec trop de confiance pour qu'il n'eût pas à craindre un piége; que sans doute les Russes, qui connaissaient leur goût prononcé pour le vin, profiteraient de leur ivresse pour venir les enlever pendant la nuit. « Les troupiers, peu convaincus, répondirent à leur chef d'une voix lamentable : « Permettez-nous d'en boire chacun un quart; il y a longtemps que nous en sommes privés. Ni un quart ni un demi-quart, répondit le colonel; officiers et soldats attendront à demain pour trinquer à la santé de ce bon Russe qui nous fait livrer avec tant de courtoisie le produit de ses vignes. »

Les zouaves obéirent bien à contre-cœur à cet ordre cruel, car le capitaine Blanchet ne plaisantait pas quand il était chargé de faire exécuter une consigne. Beaucoup, comme ils l'avouèrent plus tard, en se sentant couchés au-dessus de caves pleines, eurent le *cauchemar des ivrognes*.

Le lendemain, le colonel tint sa parole : chaque zouave du régiment reçut, en deux distributions, un litre de vin blanc ou rouge, qui, malgré un parfum de rose assez prononcé, fut trouvé d'autant meilleur qu'on le tenait de l'ennemi.

Pendant le siége, la maison des zouaves, qui servait souvent d'observatoire, fut constamment respectée par l'artillerie de la place, ainsi que l'avait affirmé l'intendant de l'ingénieur.

Du 1er au 9 octobre, plusieurs reconnaissances furent faites du côté de Sébastopol.

Les bataillons des zouaves furent employés à ce service et commandés aussi pour garder les abords du camp du côté de la place.

Les 3e et 4e divisions, et plus tard la 5e, formèrent le corps de siége, qui fut placé sous les ordres du général Forey.

Le 9 au soir, tout était prêt pour l'ouverture de la tranchée : seize mille travailleurs, soutenus par plusieurs bataillons, furent désignés pour accomplir cette importante opération. La presque totalité des compagnies du 2e de zouaves fut commandée pour ce service.

Contrairement à l'attente générale, les Russes n'inquiétèrent ni par leurs feux ni par leurs sorties cette opération, réputée l'une des plus épineuses d'un siége.

A partir du 10 octobre, les deux bataillons du régiment fournirent avec les autres troupes les différents services de tranchée.

XIV

Cette guerre ressemblait peu à celle que les zouaves avaient faite en Afrique. Au lieu d'attaquer un ennemi visible, sur un vaste champ de bataille, où l'intelligence pouvait venir en aide au courage, il fallait cheminer pied à pied dans un terrain difficile et rocheux, se blottir dans un trou pendant vingt-quatre heures pour garder les travailleurs ou les travaux commencés, et combattre bien plus avec la pioche qu'avec le fusil. Cette nouvelle lutte, dans laquelle un ennemi invisible les écrasait de ses feux, puis profitait d'une nuit sombre pour attaquer les travailleurs et les gardes de tranchée, souvent engourdis par le froid, n'abattit jamais le moral des zouaves. Ils égayaient toujours leurs rudes labeurs par quelques histoires grivoises ou par quelques plaisanteries assaisonnées de cet esprit gaulois qui, à toutes les époques, est venu en aide au soldat français et lui fait traverser avec courage les moments les plus difficiles. Que de fois, lorsque les compagnies rentraient de la tranchée avec un appétit aiguisé par douze heures de travail ou par vingt-quatre heures de garde, au moment où le soldat allait commencer son joyeux repas autour du feu du bivouac, savourant à l'avance le fumet de la turlutine, que de fois l'ordre arrivait de retourner pour renforcer les travailleurs menacés ou pour repousser une attaque! Alors, sans doute, le zouave grognait un moment, à peu près comme le chien de chasse à qui le maître enlève un os. C'était chose assez triste, en effet, que d'abandonner les délices du camp pour se livrer encore, et le ventre vide, à la *guerre des taupes;* mais quelques mots encourageants et quelques bonnes plaisanteries des chefs ramenaient la gaîté sur son visage et dans son esprit. Il obéissait presque avec joie.

Le 16 octobre, toutes les batteries ayant été terminées et armées, les généraux en chef décidèrent que le feu serait ouvert le lendemain matin.

Le 17, à six heures et demie du matin, au signal de trois bombes, toutes les batteries françaises et anglaises jouèrent à la fois.

L'artillerie de la place répondit aussitôt, et pendant quatre heures la canonnade se maintint avec des succès variés des deux côtés ; mais les batteries françaises ayant été fortement endommagées par les projectiles ennemis et par l'explosion d'un magasin à poudre et d'une caisse à gargousses, à dix heures un quart l'ordre fut donné de cesser le feu.

Le 17 au matin, les troupes du corps de siége avaient reçu l'ordre de prendre les armes, de se placer sur le front de bandière des camps, et de se tenir prêtes à marcher.

Le commandement de toutes les troupes destinées à livrer l'assaut avait été donné sur sa demande, au prince Napoléon. Une colonne de sept cents hommes, formée de quatre cents zouaves et de trois cents soldats pris dans toutes les compagnies d'élite des corps de la 3ᵉ division, devait être commandée par le colonel du 2ᵉ de zouaves, et former la première colonne d'assaut.

Tous les zouaves demandant à faire partie de cette première colonne, on dut les choisir dans les soldats de première classe, en suivant le contrôle d'ancienneté.

L'enthousiasme fut grand, et la petite colonne d'assaut, placée près de la *Maison des Zouaves*, attendit avec une impatience fébrile l'ordre de marcher à l'ennemi.

Le peu de résultats obtenus par le feu des batteries fit différer l'assaut. Entre midi et une heure, les troupes rentrèrent au camp. Les travaux du siége furent continués, et chaque jour le régiment prit sa part du service des travailleurs et de celui des gardes de tranchée.

Dans la nuit du 22 au 23 octobre, le tracé de la deuxième parallèle fut commencé. Cette opération importante fut protégée en avant par deux cent cinquante zouaves et quatre cents chasseurs à pied placés sous les ordres du capitaine Banon. Au jour, ces troupes rentrèrent dans la tranchée en laissant seulement quelques tirailleurs dans des trous de loup creusés en avant; le relief de la parallèle était déjà assez élevé pour pouvoir couvrir les travailleurs.

Le 26 octobre, le colonel eut le commandement des détachements destinés à garder la tranchée, et le 2ᵉ bataillon du régiment fit partie de ces troupes.

Pendant la journée une forte démonstration des Russes avait eu lieu sur les lignes de Balaclava, tandis qu'une sortie était dirigée de la place sur les tranchées anglaises. Le soir, le colonel fut averti par le général commandant le corps de siége, et par le général de tranchée, qu'il aurait très probablement à repousser, pendant la nuit, une vigoureuse attaque de la garnison; quatre bataillons de renfort furent mis sous son commandement pour garder les travaux. Ces bataillons furent disposés de manière à envelopper les Russes dès qu'ils seraient arrivés sur les parallèles. Le 2ᵉ bataillon de zouaves, directement sous les ordres de son colonel, fut placé de façon à inquiéter et à couper, si l'occasion était bonne, la retraite aux assiégés. Les Russes, prévenus peut-être des dispositions faites dans les tranchées, ne tentèrent aucune sortie.

Pendant les vingt-quatre heures que le 2ᵉ bataillon passa à la tranchée, il eut à déplorer la mort de plusieurs braves soldats.

Les Russes avaient démasqué le matin quelques batteries placées dans les lignes de *contre-approche*, qui inondèrent de projectiles les tranchées extrêmes.

Des boulets, des obus enfilèrent les boyaux de communication, et des bombes éclatèrent au milieu des compagnies.

Dans les derniers jours d'octobre et les premiers du mois de novembre, les compagnies du régiment furent souvent commandées de service. Quelques hommes furent tués, surtout parmi les zouaves volontaires employés au service des batteries comme artilleurs auxiliaires. Beaucoup furent blessés.

La grande quantité de projectiles que les Russes lançaient constamment sur la tête des attaques, retardait considérablement la marche des travaux, fort difficiles, du reste, à pratiquer dans un terrain dur, mêlé de roches qu'il fallait quelquefois enlever au moyen de la mine. Le général en chef voulut tenter un effort suprême ; il chargea le général Forey de préparer une attaque pour la nuit du 5 au 6 novembre.

Le général Forey choisit pour conduire cette attaque le colonel du 2ᵉ de zouaves. Il devait, le 5 au matin, aller avec cet officier supérieur reconnaître la partie de la place comprise entre le bastion du Mât, le haut du port militaire et le bas du ravin qui séparait les tranchées françaises des tranchées des Anglais. Pour cette attaque par escalade, le colonel devait avoir sous ses ordres une colonne formée de zouaves, de soldats d'élite, de sapeurs du génie et de marins de la flotte, ces derniers portant des échelles et des grappins pour franchir tous les obstacles; les sapeurs du génie avaient ordre de se munir de sacs pleins de poudre, de pétards et de haches pour renverser les palissades et la porte placée dans la partie supérieure du port militaire.

Il avait été décidé que la colonne profiterait de la nuit pour s'avancer silencieusement sur le corps de la place, afin d'ouvrir le passage à d'autres troupes. Dès que le colonel se serait rendu maître d'un point du corps de place, il devait détacher une partie de ses forces en avant, dans la direction du théâtre, garder le passage avec l'autre partie, et faire immédiatement prévenir les réserves échelonnées en arrière... Le canon d'Inkermann fit abandonner ce nouveau projet d'attaque.

XV

Vint le 5 novembre 1854, — c'est-à-dire la bataille d'Inkermann, où les Anglais furent si héroïques.

Les *chacals* ne donnèrent pas. D'acteurs ils durent se resigner au rôle de spectateurs, — ce dont ils furent bien mécontents. Rester l'arme au bras quand on attend si impatiemment le signal de « En avant! » C'est f...ichant, comme disaient les zouaves!

Lord Frédéric Paulet, colonel des coldstream-guards, dont la tente était près du bivouac des zouaves du colonel Cler, dit à ce dernier, en lui serrant tristement la main : « Venez dans ma tente; la nuit dernière elle était encore occupée par trois bons camarades, tombés aujourd'hui au champ d'honneur. Je suis seul, maintenant, acceptez dans mon cœur la place qu'y tenaient mes amis. »

Tel fut le début de cette camaraderie qu'on remarqua depuis entre les gardes anglaises et les zouaves, camaraderie de bon aloi, car elle commença sur le champ de bataille d'Inkermann, continua pendant un hiver long et rigoureux, et se trouve cimentée aujourd'hui par le souvenir des dangers bravés et des privations souffertes en commun.

La nuit qui suivit cette sanglante bataille fut triste. Les soldats des deux nations parcouraient lentement le terrain jonché de morts et de mourants pour porter secours aux blessés encore étendus sur le sol, et qu'on n'avait pas eu le temps de relever. C'était un spectacle lugubre que celui qu'offrait alors le champ de bataille, sillonné par des groupes interrogeant à la lueur incertaine des fallots les cadavres étendus sur tous les points. Le ciel était sombre, la température froide, une brise glacée soufflait de la mer, agitant les broussailles et apportant les bruits vagues de la cité russe mêlés au son des cloches sonnant les glas funèbres. A chaque pas on se heurtait à des morts, à des blessés. Bien rarement on avait la chance de trouver un brave dont on pouvait espérer encore sauver les jours. Le plus souvent ceux qui avaient conservé un souffle d'existence, tournaient vers leurs camarades un regard qui renfermait une dernière pensée, un dernier vœu, pensée qu'il était impossible de comprendre, vœu qu'il n'était au pouvoir de personne d'accomplir!

A la pointe du jour, le colonel du 2e de zouaves poussa une reconnaissance jusque sur le haut des pentes qui font face aux ruines d'Inkermann et à la partie supérieure du port. En revenant, il explora le champ de bataille avec le colonel Herbert, chef d'état-major de la 2e division anglaise. Bientôt on put s'occuper de faire relever les nombreux blessés russes qui encombraient encore le terrain. Ces malheureux venaient de passer une nuit non moins terrible que la matinée de la veille. Ils supportaient avec résignation leurs affreuses souffrances. Plusieurs, en reconnaissant les uniformes français, faisaient le signe de la croix, et s'écriaient d'une voix douce et suppliante : « *Pardonne, Français chrétiane...* »

Presque tous les soldats russes frappés mortellement portaient sur le visage l'empreinte de la douceur. Ceux qui étaient tombés en arrière avaient, au moment de mourir, placé leurs mains en avant, soit pour demander grâce, soit pour se préserver du danger. Tous ils avaient au cou des médailles ou des petites chapelles en cuivre renfermant des images de saints. Il y avait des portions de terrain littéralement couvertes de morts, de mourants ou de blessés. Des morceaux d'affûts et de roues, les débris noircis des caissons qui avaient sauté, des amas de projectiles, marquaient l'emplacement de la grande batterie russe de *position*, établie pendant la bataille sur la déclivité du contre-fort en arrière de la route qui descend à la Tchernaïa, et celui de la batterie de *campagne* anglo-française qui lui faisait face sur le haut du champ de bataille entre le *redan de l'Abattoir* et la route. De nombreux cadavres de chevaux, horriblement déchirés et éventrés par les boulets et les obus, gisaient en arrière de l'emplacement de ces deux batteries.

Le champ de bataille, coupé par des bouquets de broussailles, était, dans toutes ses autres parties, couvert de fusils dont les baïonnettes en rendaient le parcours très difficile, surtout pour les cavaliers.

Au moment où le colonel du 2e de zouaves remontait la route parallèle au ravin des Carrières, son attention fut tout-à-coup attirée par une sorte de murmure, de clameur funèbre s'élevant sur la gauche des profondeurs du ravin. Là gisaient entassés pêle-mêle plusieurs milliers de morts et de mourants. Des bras s'agitaient sur cette couche jaunâtre comme pour implorer la pitié. Des voix lamentables cherchaient à articuler des paroles qui arrivaient confuses comme la dernière expression de douleur et de regrets s'échappant d'un vaste sépulcre.

Dès qu'on eut relevé les blessés anglais et français, les infirmiers des deux nations se dirigèrent vers le ravin, lieu sinistre et terrible à voir, pour porter secours aux malheureux Russes encore vivants; mais, par une étrange fatalité, une erreur cruelle, les batteries ennemies couronnant les ruines d'Inkermann se mirent à tonner, et les projectiles forcèrent les infirmiers de cesser leur pieuse et charitable mission. Espérons, dans l'intérêt de l'humanité, que les Russes ont pris ces détachements soit pour des troupes en reconnaissance, soit pour des corps se préparant à une attaque.

XVI

Jusqu'alors le temps avait été supportable ; il changea tout-à-coup dans la nuit du 13 au 14 novembre. A la pointe du jour, une pluie mêlée de grêle inonda les camps, et un vent d'ouest furieux renversa tout ce qui se trouvait à la surface du sol; l'ouragan devint si violent que la grêle rasait le terrain en suivant une diriction presque horizontale.

A neuf heures du matin il n'y avait plus une seule tente debout, et le vent emportait au loin les débris de toile et les effets d'habillement.

Les hommes, pour n'être pas enlevés par les tourbillons, étaient forcés de se tenir accroupis.

Les anciens zouaves, qui avaient souvent éprouvé dans le sud de l'Afrique l'effet produit par le sirocco et par les affreuses tempêtes de pluie et de neige, avouaient n'avoir jamais ressenti un vent plus impétueux. Au milieu de ce cataclysme du ciel, les soldats conservèrent toute leur gaîté. Dans l'après-midi, ils résolurent d'allumer des feux et de préparer des *turlutines*. Groupés par compagnies, ils opposèrent au vent une muraille vivante, à l'abri de laquelle ils purent préparer un repas chaud.

Le jour qui suivit cet ouragan, la partie du cap de Chersonèse voisine du moulin d'Inkermann ressemblait, avec ses teintes ardoisées et humides, au fond d'un vaste étang dont on aurait fait écouler les eaux.

Au mois de décembre, les bataillons actifs du 2e de zouaves reçurent en deux détachements neuf cent soixante hommes, qui leur étaient envoyés par la fraction du régiment laissée en Algérie. Plus jeunes, et surtout moins aguerris que leurs camarades de Crimée, ces nouveaux venus supportèrent plus difficilement aussi les fatigues et les privations de l'hiver; beaucoup entrèrent aux ambulances, et quelques-uns ne reparurent plus au corps.

Les anciens zouaves continuèrent à supporter avec courage toutes les épreuves. Assez légèrement vêtus, n'ayant pas tous des *criméennes* et des paletots en peau de mouton, qu'ils ne reçurent que quand le froid était déjà très intense, condamnés à bivouaquer sous leurs petites tentes-abris, une grande partie de l'hiver ils demandèrent à leur intelligence les ressources que l'administration, malgré tout son zèle et toute sa bonne volonté, ne pouvait pas toujours leur donner immédiatement. Utilisant les capotes des Russes laissées sur le champ de bataille d Inkermann, ramassant les effets des hommes morts jetés par les Anglais, ils doublèrent en partie, avec ces lambeaux de drap, leurs petites tentes, et rendirent moins dure et moins humide la terre sur laquelle ils couchaient. Profitant aussi de la nature du sol, qui, à quelques centimètres de sa surface, était formé d'une couche de pierres friables, ils creusèrent tous leurs petites tentes.

L'alimentation fut généralement assez abondante. Economes par expérience, les zouaves se servaient avec parcimonie des vivres d'ordinaire que le lieutenant Réau, officier zélé et intelligent, envoyait de Constantinople par tous les petits détachements dirigés sur la Crimée. Gagnant de l'argent en travaillant aux tranchées, les hommes pouvaient acheter, à des prix raisonnables, près des cantinières, toujours assez bien approvisionnées, des denrées et des liquides.

La brigade du colonel Cler, laissée au milieu des camps anglais après la bataille d'Inkermann, n'ayant que de très mauvaises lignes de communication avec les magasins centraux de Kamiesch et de Balaclava, ne pouvait pas être approvisionnée aussi promptement que les autres corps de l'armée; néanmoins, pendant les temps les plus durs de l'hiver, elle reçut plusieurs fois, comme les autres corps, du vin, de l'eau-de-vie, des cigares, du tabac et des vêtements directement envoyés à l'armée d'Orient par l'Empereur. Les jours où ces distributions extraordinaires étaient faites il y avait grand gala au bivouac, et ces denrées étaient d'autant mieux appréciées que chacun connaissait la sollicitude du souverain pour l'armée qui soutenait en ce moment, loin de la patrie, les intérêts et l'honneur de la France.

Le général en chef se préoccupa constamment du bien-être des troupes de cette brigade ; il venait souvent la visiter, il adressait à chaque soldat des paroles d'encouragement, il entrait sous leurs petites tentes, écoutait avec une extrême bienveillance les explications que chaque zouave se croyait en droit de lui donner sur sa manière de vivre. Au moment le plus rigoureux de l'hiver, quand la neige couvrait le terrain sur lequel étaient les avant-postes, les hommes de la brigade qui n'avaient point encore de grandes tentes ne pouvaient chaque jour déplacer leurs tentes-abris, rendues raides par le givre et la glace. Ils ne cherchaient donc pas à les porter aux postes qu'ils avaient à occuper pendant vingt-quatre heures, car il eût fallu les replacer, en descendant la garde, sur le terrain du bivouac rendu humide par la neige et par la pluie. Le général Canrobert, comprenant cette position, donna l'ordre de transporter cinq cents tentes-abris de Kamiesch au camp du Moulin. Malheureusement tous les moyens de transport de l'administration étaient alors employés au service des vivres. L'ordre bienveillant du général ne pouvait être exécuté. Averti de ce retard, l'excellent général s'empressa d'envoyer à Kamiesch son officier d'ordonnance, le capitaine de Chard, et les mulets achetés de ses deniers et sa propriété, pour porter au camp du Moulin les cinq cents tentes-abris destinées aux avant-postes.

Il annonça cette disposition au colonel Cler en le prévenant que, comme le trajet était long et difficile du grand quartier général à Kamiesch et de ce point au camp de Moulin, il eût à envoyer à la rencontre du détachement ses mulets *particuliers* et des corvées pour aider le convoi à gagner le camp.

Malgré la sollicitude constante de leurs chefs, les soldats traversèrent de durs moments, surtout à partir du jour où, prenant tout le service de la ligne d'observation, ils commencèrent les travaux de tranchée des attaques du Carénage. En janvier, ils passaient quelquefois vingt-quatre heures dans la neige, sans feu et sans abris. En février, la température devint moins froide; mais souvent ce temps doux amenait à la chute du jour une pluie fine et chaude; puis le froid, devenu plus intense pendant les dernières heures de la nuit, changeait en glaçons l'humidité dont leurs vêtements étaient imprégnés.

Pendant ces rudes épreuves, les officiers et les sous-officiers donnaient aux soldats l'exemple de l'obéissance au devoir et de la résignation aux souffrances. Affaiblis par un service continuel et pénible, ayant une alimentation échauffante, ils combattaient la maladie sous la tente, afin d'être prêts à reprendre leur place à la tête de leurs compagnies quand il faudrait marcher à l'ennemi ou faire un service de tranchée et de grand'gardes. Plusieurs payèrent de leur vie ce dévouement sublime au devoir. Le lieutenant Plazolles, officier zélé et d'une grande énergie, continua, quoique très malade, à faire son service. Ayant refusé d'entrer dans un convoi de malades dirigé sur Constantinople, il mourut pendant les premiers jours de l'hiver, emportant dans la tombe l'estime de ses chefs et les regrets de ses camarades.

Les soldats eux-mêmes, se raidissant contre la maladie, opposaient à la souffrance un courage héroïque. Beaucoup attendirent la mort au camp plutôt que de demander à entrer à l'ambulance ou à être évacués sur la Turquie.

Le zouave B..., vieux soldat d'Afrique, sentant que les forces l'abandonnaient, dit un jour à ses camarades, au moment où il revenait au camp après un service de tranchée : « Allons, allons, c'est f....., les jambes refusent le service, je sens que je me fais vieux, et que bientôt je serai *cuit*. Plutôt que de passer pour un *clampin*, j'aime mieux en finir avec la vie. » Ses camarades n'attachèrent aucune importance à ces paroles; mais à peine rentrés au bivouac ils entendirent une détonation. Se précipitant sous la petite tente de B..., ils le trouvèrent étendu mort, ayant encore le gros doigt du pied sur la gachette de son fusil. Bien peu se laissèrent aller au découragement. Un autre zouave, A... D..., qui avait eu une existence de Gil-Blas, et qui était entré déjà âgé au service, y trouvait des distractions en remplissant très bien, dans la troupe comique, les rôles de *père noble*. Ne pouvant se soumettre aux ennuis d'un hiver passé sans les plaisirs de la coulisse, il disparut une belle nuit. Ses camarades prétendirent qu'il avait appris par un déserteur russe qu'on jouait la comédie à Sébastopol, et qu'il était allé trouver le directeur du théâtre de cette place pour obtenir un engagement dans sa troupe.... Après une absence de huit jours, A... D... se rendit volontairement à la gendarmerie de Kamiesch, et rentra au régiment dans une tenue qui n'avait plus rien de commun avec l'uniforme. Son cerveau était complètement détraqué, en sorte qu'il ne put ou ne voulut donner aucune explication sur l'emploi de son temps pendant les jours passés en désertion. Tous ses camarades restèrent persuadés qu'il avait fait un voyage chez les Russes. « Bah! disait un loustic, il n'aura pu trouver à entrer au service de *Thalie*, alors il est revenu, en attendant de meilleurs jours, reprendre la pioche et le fusil au service de *Mars*. »

Les emplacements occupés par l'armée russe sur les hauteurs d'Inkermann et de Mackensie, à Tchorgoun et aux monts Fédioukines, contraignaient les troupes d'observation à une très grande surveillance, pour éviter les surprises. Les avant-postes des deux armées étaient très rapprochés; des conversations s'engageaient quelquefois par gestes et par quelques mots français ou russes entre les sentinelles avancées. Pendant les gelées, un armistice tacite, consenti de part et d'autre, permettait aux factionnaires de sortir de leurs embuscades pour se réchauffer en battant la semelle. Mais cet échange de bons procédés avait lieu surtout entre Français et Russes.

Le général Bosquet, commandant toute la ligne française, était d'une activité infatigable; chaque jour il visitait différents points, subordonnant l'emplacement des avant-postes aux mouvements de l'armée ennemie. Veillant lui-même à ce que le service fût fait avec une rigoureuse exactitude, les officiers de son état-major étaient constamment à cheval pour porter ses ordres, et à chaque heure du jour et de la nuit il recevait les rapports qui lui étaient envoyés par ses lieutenants.

C'est à cette surveillance de tous les instants que l'armée d'observation dut, sans doute, de n'être pas attaquée.

Le campement de la brigade Cler au milieu des troupes anglaises produisit aussi un effet moral des plus heureux, car ce *mélange* journalier des soldats des deux nations détermina entre les troupes une intimité qu'un contact perpétuel pouvait seul amener.

Jusqu'à Inkermann, Anglais et Français s'étaient tenus dans les limites d'une politesse froide, et pour ainsi dire officielle. Il ne pouvait guère en être autrement, en raison du caractère si tranché des deux peuples, et du souvenir des vieilles haines nationales. L'éducation particulière et militaire de nos officiers, toujours avec leurs soldats, et celle des officiers anglais, gentlemens vivant en dehors de la vie de régiment, devaient contribuer à maintenir longtemps cette manière d'être, même dans les grades élevés.

Aussi lorsque, dans le port de Malte, aux Dardanelles, sur le Bosphore, les bâtiments français saluaient les forts ou remontaient bord à bord avec les vapeurs anglais, les équipages échangeaient, par ordre, leurs hurrahs, et les musiques répondaient au *Partant pour la Syrie* par le *God save the Queen*, mais c'était tout. Dans la Chersonèse de Thrace au camp de Boulaïr, en Bulgarie à celui de Varna, les officiers anglais et français avaient bien essayé de s'adresser quelques invitations polies, les soldats, principalement les zouaves et les highlanders, avaient même plusieurs fois fraternisé le verre en main, c'était encore là des démonstrations compassées. Au débarquement en Crimée, les deux armées ne bivouaquaient pas ensemble, les Anglais nous firent attendre pour l'attaque du 20 septembre, les relations étaient rares, et les régiments se bornèrent à un échange de procédés plutôt polis qu'affectueux. Cependant le lendemain de l'Alma, et quoique pendant l'action les troupes des deux nations n'eussent pas été mêlées, la glace commença à se fondre. Les dangers partagés sur un même champ de bataille, la gloire acquise, le baptême du feu reçu en commun, tout cela était de nature à opérer un rapprochement. Les vainqueurs en parcourant le théâtre de leurs succès de la veille, en apprenant les épisodes de cette belle journée, purent s'apprécier réciproquement. Les Français admirèrent ce courage froid, résolu, qui portait leurs anciens adversaires à affronter la mitraille de formidables batteries sans sourciller, sans accélérer ou ralentir leur marche, se bornant à serrer les files pour réparer les brèches humaines faites par le canon ennemi. Les Anglais avaient encore devant les yeux l'élan de nos braves fantassins, qui avaient trouvé moyen de convertir une grande bataille en une véritable course au clocher, élan tel que les Russes, en parlant des zouaves, prétendaient *que ce jour-là les Africains étaient fous ou ivres.*

A l'Alma, les deux infanteries avaient donc commencé à s'apprécier mutuellement, et à comprendre que toutes les fois qu'elles seraient appelées à combattre côte à côte la victoire ne pouvait leur échapper.

Les charges brillantes de Balaclava établirent aussi, peu de temps après, des relations d'estime entre les deux cavaleries. La cavalerie française avait été témoin de la froide, héroïque intrépidité des cavaliers anglais courant à la mort, esclaves du devoir et de la discipline, pour obéir à un ordre malheureux; la cavalerie anglaise avait vu nos chasseurs d'Afrique à l'œuvre, le sabre à la main, se lançant contre les escadrons et les batteries russes sur leurs rapides chevaux du désert.

Toutefois, devant Sébastopol, comme à l'Alma, il y avait deux champs de bataille, deux centres d'action : les Anglais d'un côté, les Français d'un autre. Mais bientôt retentit le canon d'Inkermann, bientôt le hasard des combats donna un même champ de bataille et de gloire aux troupes des deux nations. Les soldats français luttèrent avec les Russes, pour ainsi dire, enchevêtrés dans les soldats anglais. Lorsque les bataillons de l'intrépide Bourbaki, le 3e de zouaves, les tirailleurs indigènes du brave colonel de Wimpffen arrivant au pas de course, répondirent par leur cri de guerre d'Afrique au *hurrah for the French* des Anglais, les troupes des deux nations ne firent plus qu'une seule armée. Alors réellement la camaraderie commença entre nous et nos alliés. C'était justice, car nous avions pu admirer nos dignes émules de gloire se maintenant depuis le matin sur leur ligne de défense, rompus par la mitraille, mais toujours reformés, malgré les efforts désespérés des Russes, bien supérieurs en nombre. Nous avions pu voir ces remparts vivants opposant une résistance invincible, remparts dont les brèches sanglantes, ouvertes par le canon, se fermaient aussitôt par les tronçons mutilés des régiments... De son côté, ce qui restait encore debout dans l'armée anglaise avait vu nos bataillons arrivant sur le champ de carnage avec la rapidité de la foudre, se jetant sans hésiter au-devant des profondes colonnes ennemies, attaquant les Russes de flanc et de front avec cette *furia* française si redoutée de tout temps, et forçant les masses russes à abandonner leurs projets et à rentrer dans les murs de Sébastopol, après avoir repassé en désordre le pont de la Tchernaïa.

A l'estime réciproque s'était donc jointe ce jour-là la reconnaissance du service rendu; à cette reconnaissance vinrent s'ajouter encore la vie en commun, la vie du camp, la vie du bivouac, la vie de fatigues du travail de la tranchée, le partage des vivres, du feu, la mise en commun des moyens d'existence, d'amélioration, de bien-être, de privation, de soins, de prévenance.

Le 2e de zouaves, l'infanterie de marine, les bataillons des gardes, et la 2e division anglaise ayant le même bivouac au camp du Moulin, les souffrances d'un rude hiver, les durs labeurs et les privations, tout fut partagé. A partir de ce moment, la cordialité la plus franche, une intimité sans réserve, sans arrière-pensée, s'établit complétement de part et d'autre.

Les soldats anglais, mieux partagés que les nôtres sous le rapport de l'argent de poche et manquant de cantiniers, fréquentaient les cantines des zouaves. Là se faisaient de copieuses libations. De véritables et longues conversations s'établissaient moitié par gestes, moitié par paroles entre les troupiers des deux armées, bien que souvent les zouaves fussent aussi ignorants de la langue anglaise que les gardes de la langue française. Mais nos braves africains ne sont jamais embarrassés pour si peu de chose, grâce aux ressources de cette langue *sabir*, employée par eux dans leurs relations avec les Arabes.

Au camp du Moulin, cette langue était en général circonscrite dans les phrases suivantes : *Englisch bono, Francis bono, Englisch et Francis semis amis, bibir soua soua, Crimea mackach bono, Arbia bono, chapard beseff*, ce qui veut dire à peu près ceci : Anglais bon, Français bon, Anglais et Français sont bons amis, ils boivent ensemble ; la Crimée est un mauvais pays, l'Afrique vaut mieux, on y peut faire beaucoup de butin.

On conçoit que ces affreux *barbarismes*, capables de faire danser la ronde du sabbat aux quarante fauteuils de l'Académie et de renverser les *immortels*, étaient habituellement arrosés d'un nombre indéfini de petits verres. Le zouave, très loquace de sa nature, oubliant que son nouvel ami d'outre-Manche ne pouvait le comprendre, se mettait à lui narrer les épisodes les plus émouvants de ses razzias d'Afrique. John Bull, impassible, écoutait consciencieusement, buvait continuellement, et poussait imperturbablement, toutes les cinq minutes, un formidable god-damn. D'histoire en histoire, de god-damn en god-damn, d'admiration en admiration, les petits verres se changeaient en grands verres, les verres en bouteille, et l'Anglais tombait ivre aux pieds du zouave, qui interrompait son histoire pour boire à son tour à la santé de l'Angleterre, et pour rapporter dans sa tente son aimable amphytrion, heureux encore quand le brave *chacal* n'avait pas suivi le coldstream ou l'highlander sur le terrain glissant de *Bacchus*, car alors ils se rapportaient l'un l'autre en roulant à chaque pas. Ainsi se terminaient d'habitude les grandes fraternisations de la cantine.

Quelquefois il se trouvait par hasard dans la même cantine, des zouaves ayant appris quelques mots de la langue anglaise, ou, chose moins rare, quelques Anglais connaissant un peu la langue française ; alors s'entamaient de longues et curieuses dissertations sur la guerre de Crimée, sur la valeur des armées belligérantes. On finissait toujours par s'accorder, dans ce partage de travaux, de dangers et de gloire. « Ah çà ! dit un beau jour un des buveurs, que fait donc le *Turre*? Tandis qu'il embête Mahomet avec ses patenôtres, plus longues que de Constantinople à Paris, nous nous faisons *esquinter* pour lui ! Voilà-t-il pas de jolis merles !... — Les Turres, répondit un autre buveur, laisse donc, ils ont plus de courage que nous, on ne les occupe qu'à *crever* comme des chiens, et ils crèvent sans se plaindre... Tu ne serais pas f..... d'en faire autant, toi qui parles. »

Le dernier zouave avait raison, les malheureux bataillons de Rédifs (gardes nationaux mobilisés), envoyés en Crimée pour rappeler sans doute aux alliés qu'il existait encore quelques Turcs sur la surface du globe, mouraient sans proférer une plainte. Mal nourris, mal installés, ils *fondaient*, pour ainsi dire, et leurs cimetières s'agrandissaient chaque jour au détriment de leurs camps.

Les officiers anglais et français se réunissaient très souvent. Chaque fois que d'un côté ou de l'autre on recevait des provisions de cigares, de café, de thé, on s'invitait, on se recevait avec la cordialité la plus franche.

Les généraux anglais aimaient beaucoup les zouaves; ils ne laissaient échapper aucune occasion de leur témoigner une sorte d'affection gracieuse. Ainsi, les généraux Pennefather et Buller, qui commandaient la 2e division anglaise, lord Rokeby, commandant la brigade des gardes, poussèrent la courtoisie et la bienveillance jusqu'à envoyer aux zouaves des effets de laine, lorsqu'ils en reçurent pour leurs troupes. Lord Rokeby offrit aux officiers une partie des effets travaillés par les princesses, par lady Rokeby, et envoyés aux officiers des gardes par S. M. la reine Victoria. Lord Raglan, accompagné d'une partie de son état-major, vint, quelques jours après le 1er janvier 1855, rendre visite au colonel Cler. Le général en chef de l'armée anglaise témoigna, dans les termes les plus chaleureux, le plaisir qu'il éprouvait à voir la bonne intelligence, l'harmonie qui régnaient entre les troupes des deux nations, et les relations cordiales qui s'étaient établies entre les officiers des zouaves et ceux des gardes anglaises.

XVII

Nous passons rapidement — à notre grand regret — sur les divers épisodes qui séparent la bataille d'Inkermann de la bataille de la Tchernaïa, où les zouaves combattirent à côté des Piémontais, leurs alliés d'alors et leurs alliés d'aujourd'hui.

Nous ne parlerons donc pas des différents engagements auxquels prirent part les *chacals* et qui leur coûtèrent tant de vaillants soldats, — de l'attaque de Malakoff, par exemple, attaque de nuit, où le 2e de zouaves laissa dix-huit officiers et deux cents sous-officiers ou soldats.

Après la sanglante nuit du 24 février 1855, après la sanglante journée du 18 juin, le 2e de zouaves fut hors d'état de continuer à prendre part aux travaux du siége. Ses cadres étaient presque nuls, ses compagnies réduites à un effectif très-faible. Outre les blessés entrés aux ambulances, un grand nombre d'autres se faisaient soigner au corps.

Dans le courant de juillet, le régiment fut remplacé par le 7e de ligne, et il se rendit avec la 3e division à l'armée d'observation de la Tchernaïa. La place qui lui fut donnée sur le plus bas des monts Fédioukines, à droite des gorges de Traktir, lui permit bientôt de jouer un rôle glorieux dans la bataille livrée le 16 août sur les bords de la rivière.

Le 15 août, veille de la bataille de la Tchernaïa, l'armée alliée occupait les positions suivantes :

1° A l'extrême gauche, au-dessous des crêtes du mont Sapoune, entre le télégraphe et la redoute Canrobert, campait la 1re brigade de la division Herbillon, formée par le 14e bataillon de chasseurs, le 47e et le 52e de ligne.

2° Sur le plus élevé des monts Fédioukines, une partie de la division Camou, le régiment de tirailleurs indigènes, les 6e et 82e de ligne, et une batterie du 13e d'artillerie.

3° Sur le mamelon du milieu flottait le fanion de commandement du général Herbillon, qui avait près de lui, à gauche et en avant, le 50e de ligne et le 3e de zouaves, de la brigade du général de Wimpffen, le 95e et le 97e, de celle du général de Failly, et trois batteries du 2e d'artillerie.

4° Le 2e de zouaves et le 19e bataillon de chasseurs à pied, formant la 1re brigade du général Faucheux, occupaient à droite le plus bas des monts Fédioukines.

5° En arrière du général Herbillon, formant la réserve des troupes françaises de la Tchernaïa, le général Cler, avec le 62e et le 73e de ligne, et cinq batteries d'artillerie (dont deux de la garde) sous les ordres du colonel Forgeot.

6° La division de cavalerie composée de régiments de chasseurs d'Afrique, sous les ordres du général Morris, bivouaquait dans la petite plaine de Balaclava, en arrière de la droite des monts Fédioukines.

7° L'armée piémontaise, en entier à droite de l'armée française, tenait les versants qui prennent naissance au village de Kamara, et tombent presque à pic sur l'étranglement de la Tchernaïa, et en pentes moins fortes sur le ruisseau dit de Kreuzen, qui part de Varnoutka et se jette dans cette rivière vis-à-vis Tchourgoun.

Des avant-postes avaient été jetés au delà de ces cours d'eau sur les hauteurs qui dominent le village de Tchorgoun; ils étaient couverts du côté de l'ennemi par des épaulements en terre.

La petite armée piémontaise, si bien organisée par l'habile et brave général Alphonse de la Marmora, avait établi ses camps à droite et à gauche de la route *Woronzoff*. Des batteries et d'autres ouvrages en terre rendaient leur position formidable. Les soldats, surtout ceux de la brigade de Savoie, commandée par le général Mollard, ayant par leur caractère, leur physionomie et leur langage une analogie complète avec nos soldats, vivaient en très parfaite intelligence avec eux, et désiraient ardemment, comme leurs pères, combattre sur un même champ de bataille, côte à côte avec nous, pour une cause commune.

8° Le contingent des Turcs était à droite des Piémontais, dans la forêt qui couronnait les hautes chaînes du pâté de montagnes placé entre Balaclava et la vallée de Varnoutka.

9° Enfin quelques corps anglais, de la cavalerie et de l'artillerie surtout, occupaient la plaine et les collines qui précèdent Balaclava.

Au premier coup de canon, les divisions françaises prennent les armes et se portent aux positions qui leur ont été assignées d'avance pour le combat.

Un brouillard très épais régnait sur la Tchernaïa; la fumée des pièces russes ne pouvant s'élever empêchait de distinguer quel serait le véritable point d'attaque; toutes les embuscades, soutenues par des compagnies de renforts, défendent vivement la rivière et les abords du canal de dérivation.

Dès que le feu des Russes commence, le 2e de zouaves prend les armes, les hommes laissant de grand cœur le café préparé pour marcher à l'ennemi. Le commandant Darbois, à peine remis de la blessure qu'il a reçue le 18 juin, commande le régiment. Il reçoit l'ordre du général Faucheux de conduire ses deux bataillons à la gauche du plateau, de manière à soutenir et à renforcer au besoin la ligne des avant-postes en amont du pont. Le bataillon du commandant Alpy descend sur le canal, celui du commandant Darbois reste en réserve vers le haut de la pente.

Sur la Tchernaïa, les Russes, qui ont montré des masses profondes, forcent les avant-postes à se replier vers le canal; ils passent la rivière sur des ponts légers. Le commandant Alpy tient bon; mais, blessé mortellement, il est emporté du champ de bataille. Le commandant Darbois descend avec le reste du régiment; il soutint le bataillon engagé, et, reprenant un instant l'offensive, il occupe de nouveau le terrain entre le canal et le pont. Renforcés par de nouvelles réserves, les Russes avancent, traversent le canal sur de petits ponts en forme d'échelles jetées d'une berge à l'autre, et gagnent le pied des pentes. Les zouaves ne cèdent le terrain que pied à pied; soutenus par la batterie du capitaine de Sailly, en position en arrière près de la gorge, ils défendent chaque accident de terrain et chaque broussaille. Leur chef, le commandant Darbois, fait des prodiges de valeur; à cheval, il est toujours en avant, élevant sa casquette au bout de son épée pour rallier autour de lui ses soldats. La colonne russe, qui peut immédiatement remplacer ses pertes, continue à marcher; elle est près d'atteindre le sommet des pentes. Le régiment voit tomber ses meilleurs officiers et ses plus intrépides zouaves. Le commandant Darbois est frappé mortellement au bas-ventre par une balle; le sous-lieutenant porte-aigle Bosc est aussi atteint en pleine poitrine; son drapeau est enlevé par des sous-officiers qui le tiennent haut et fier en face de l'ennemi. Les zouaves serrent leurs rangs, sans cesse décimés par le feu des Russes, mais ils n'ont presque plus d'officiers pour les diriger. Les pièces du capitaine de Sailly, masquées par cette ligne, sont placées sur les avant-trains et reportées en arrière.

Dans ce moment, le général Cler, qui s'est avancé au commencement de la bataille, avec trois des bataillons de sa brigade, vers la droite de la division Faucheux, pour y former une seconde ligne et la réserve, débouche en arrière avec ses bataillons déployés. La fumée du canon et la disposition du terrain ondulé dans cette partie du plateau lui permettent de cacher sa marche offensive. Instruit de ce qui se passe sur les pentes, il donne immédiatement l'ordre au colonel de Pérussis, du 62e de ligne, de se porter avec ses deux bataillons, de façon à aborder en tête et sur son flanc gauche la lourde colonne russe. Il envoie son aide-de-camp, le capitaine Caffarelle, pour diriger sur le flanc droit de cette colonne le bataillon du 73e, puis lançant son cheval à la rencontre des zouaves du 2e régiment : « Où allez-vous? leur crie-t-il, c'est en avant qu'il faut marcher! » Les zouaves reconnaissent dans le général qui leur amène des renforts leur ancien colonel, poussent une grande acclamation, font volte-face, leurs clairons sonnent de nouveau la marche du régiment, et tous se précipitent baïonnette basse sur l'ennemi. Surprise par le feu des bataillons du général Cler et par le retour furieux des zouaves, la colonne russe qui se déploie est culbutée, roulée sur les pentes, et jetée dans le canal.

Le mouvement offensif dirigé par le général de Failly sur les pentes de gauche et dans le fond de la gorge ayant été aussi vigoureux, toute la masse des Russes repasse en désordre la rivière et le pont. Leurs 5e et 12e divisions sont rejetées au delà de la Tchernaïa. A l'extrême droite de leur ligne, la 7e division, qui avait attaqué au commencement de la journée la gauche de la ligne fraçaise, est vivement repoussée par les bataillons du général Wimpffen. Les Russes ne renoncent cependant pas à faire un nouvel effort sur la ligne. Le général en chef ennemi, qui s'est aperçu du peu de succès de cette première attaque, appelle à lui les réserves qu'il fait descendre des hauteurs du Chouliou, et qu'il donne comme appui aux trois divisions déjà engagées. Cette masse se porte vers la ligne française, qu'elle attaque de nouveau sur son centre.

L'artillerie russe en batterie sur et en avant des collines qui s'étendent du bas de *Bilboquet* à la redoute ruinée et aux retranchements des avant-postes piémontais, couvre de ses projectiles les pentes et les bas plateaux des monts Fédioukines. Sept batteries françaises, dont deux (celles des capitaines de Sailly et Armand) placées sur le plus bas des monts, au lieu de répondre à ce feu terrible, tirent sur les masses ennemies. Le camp du 2e de zouaves est sillonné par les boulets, qui le prennent d'écharpe et de face. L'artillerie piémontaise de position et de campagne appuie à droite le feu des pièces françaises.

L'attaque de la ligne de la Tchernaïa est tentée de nouveau par l'infanterie russe. Les débris des 12e et 5e divisions se portent sur le pont de Traktir. Les troupes du général de Failly se précipitent au pas de charge sur le pont et en aval de la rivière, tandis que le 2e de zouaves, appuyé par les bataillons du général Cler, s'y portent en amont. On s'aborde à la baïonnette. Les boulets ennemis font de sanglantes trouées dans ces masses de chair humaine; les boulets français passant sur les têtes, écrasent les queues des colonnes russes, et y jettent le désordre. Enfin l'ennemi est forcé de se replier; ses divisions vont se rallier au pied des collines, sous la protection de leurs bouches à feu, laissant la petite vallée couverte de leurs morts.

Voyant l'inutilité de ses efforts réitérés sur le pont de Traktir, le général en chef de l'armée russe change sa manœuvre. Il se décide à porter ses efforts sur la partie de la ligne comprise entre la droite des Français et la gauche des Piémontais, là où le terrain présente une large ouverture près de la Tchernaïa et du canal, qui sont presque partout guéables dans cette partie de leur cours.

La 17e division, renforcée du régiment d'Odessa, qui n'a été employée que comme réserve, est dirigée vers ce point. Elle traverse la rivière et le canal, et cherche à peser sur la droite de l'armée française, en remontant les berges d'un ravin situé sur le flanc droit du plus bas des trois monts Fédioukines. Le général Faucheux fait diriger sur ce point une demi-batterie et quelques compagnies du 14e bataillon de chasseurs à pied, chargés d'appuyer le mouvement offensif d'un bataillon du 62e, envoyé par le général Cler.

Les Piémontais, de leur côté, avancent leur ligne pour s'opposer à l'attaque des Russes. Un de leurs bataillons de bersaglieri appuie vers les Français, et vient prendre position en arrière du versant menacé; leur artillerie et la division Trotti paraissent sur le flanc gauche de la colonne ennemie.

Forcée de renoncer à l'espoir de percer le centre des alliés, contrainte, pour opérer sa retraite, de traverser l'espace couvert par les feux des Piémontais, la 17e division se rallie, et pendant quelque temps dirige tous ses feux sur notre extrême droite. Les balles, tirées de bas en haut, passent sur la tête des troupes sans les atteindre. Les Russes forment alors une forte colonne avec le régiment d'Odessa en tête, et la dirigent vers la batterie Armand, sur le haut de la pente.

Le général Cler, qui a compris le but de cet effort suprême de l'ennemi, dispose deux de ses bataillons, le 2e du 62e (colonel de Pérussis et commandant Cottat) et le 1er du 73e (commandant Deparfouru), en arrière des pièces, en recommandant au commandant de la batterie de faire feu dès qu'il entendrait battre la charge. Une compagnie de zouaves du 2e régiment, sous les ordres du lieutenant Vial de Sabligny, reste seule en avant, et de façon à attirer l'attention des Russes. La colonne donne dans le piége. Elle gravit péniblement la pente, s'arrête de distance en distance, et reforme ses pelotons sur la ligne des fanions portés par ses sous-officiers. Les zouaves cèdent le terrain en démasquant la batterie; ils augmentent, par leur mouvement rétrograde et leur petit nombre, la confiance de l'ennemi. Bientôt, cependant, la tête de la colonne atteint le haut de la pente; mais là elle est reçue par une dernière salve des pièces, qui sont aussitôt ramenées *à bras en arrière*, laissant le champ libre à l'infanterie. Le général fait battre la charge, ses deux bataillons s'élancent sur la tête et les flancs de la colonne d'attaque, qui, surprise, hésite, résiste faiblement, puis se replie sur le canal, où elle est poursuivie par le bataillon du commandant Cottat et par les zouaves jusqu'au delà de la rivière. Le terrain où vient de se passer ce dernier acte de la bataille reste couvert de morts, de blessés, de prisonniers, d'armes, de tambours et de fanions d'alignement.

L'affaire était complétement décidée, et le 2e de zouaves pouvait inscrire une nouvelle victoire à côté de celles de l'Alma et d'Inkermann. La part prise par le régiment fut glorieuse dans cette sanglante bataille. Quatre fois il avait repoussé l'attaque des Russes, et plus de trois cents des siens, dont onze officiers, avaient payé de leur sang les brillants résultats obtenus à force d'héroïques sacrifices.

XVIII

Voilà quels hommes les Autrichiens ont aujourd'hui à combattre. A Inkermann et à la Tchernaïa, les Russes disaient que les zouaves étaient *fous ou ivres*. Qu'ont dû dire les Autrichiens à la bataille de Palestro?

« La poudre a parlé, les clairons au vent
Sonnent la charge et la victoire;
La baïonnette a soif... elle demande à boire:
En avant! En avant! zouaves, en avant!...

« Avec leurs amis les chasseurs,
Les dragons, les grenadiers graves,
Clairs cuirassiers, fiers artilleurs,
Et les zéphirs, et tous les braves,
Ils marchent pour la liberté,
Le bon droit des choses publiques,
La justice et la vérité...
En avant, soldats électriques!... »

Beni-Mouffetard, Beni-Pantin, Beni-Antoine, Beni-Villette, la France est contente de vous!...

Si maintenant on me demande pourquoi j'ai exalté ainsi les zouaves au détriment des autres corps militaires—qui les valent bien,—je répondrai que je ne les ai exaltés au détriment de personne. Il y a de la gloire pour tout le monde, — ainsi que le disait Victor-Emmanuel le jour de la bataille de Palestro. Chacun a fait tout aussi bravement son devoir que les *chacals!*

Seulement, il y a dans les zouaves un élément de gaîté et de crânerie qui leur donne un cachet d'originalité tout particulier, et qui manque à la plupart des autres corps militaires. Que cela dépende d'eux-mêmes ou de leur organisation, je l'ignore; cette originalité, ils l'ont, voilà tout ce que je sais.

Ce serait dire une banalité que de dire que l'armée française est brave. La belle découverte! Pourquoi donc la redouterait-on tant que cela, si elle n'était pas aussi brave? Mais il y a des degrés à tout, des nuances à tout,— à la bravoure et à l'intrépidité aussi bien que dans les caractères. Les variétés de courage, pour être moins nombreuses que les variétés de tulipes, n'en existent pas moins.

Voyez les Anglais à Inkermann! On les a admirés, — et l'on a bien fait. Mais leur courage était autre que celui des Français en général, et des zouaves en particulier. Ils formaient une masse compacte, inébranlable, un cube gigantesque de chair humaine. Le canon labourait leurs rangs. Le sillon rouge se refermait aussitôt et les Anglais avançaient toujours sans broncher, sans sourciller, sans défaillir, — comme des héros qu'ils étaient. S'ils ne sont pas morts tous là, jusqu'au dernier, c'est que les canons russes n'avaient plus assez de mitraille! Oh! les rudes hommes!

Quel rapport cette admirable bravoure a-t-elle avec la *furia francese*, — et surtout avec la *furia* des zouaves! Aucun! Les vieux grognards de l'Empire mouraient ainsi. Les zouaves veulent mourir autrement. Affaire de goût et de tempérament!

C'est bien le moins—puisqu'on ne peut pas choisir son genre d'entrée dans la vie— qu'on choisisse son genre de sortie!

« Les zouaves sont les premiers soldats du monde! » Je répète cette appréciation du maréchal Saint-Arnauld — qui devait bien s'y connaître un peu. Cela ne veut pas dire que les autres soldats sont les derniers. C'est un témoignage d'admiration, une appréciation personnelle, échappée à l'aspect de l'impétuosité, de la rage, de la folie si l'on veut, montrée par les zouaves, qui semblent avoir pris pour consigne ce mot de Suwarow : « La poudre est une folle, et la baïonnette est un héros! » Est-ce qu'elle enlève une panse d'a du mérite des soldats de la ligne, des grenadiers, des voltigeurs, des chasseurs, des dragons, des cuirassiers, des artilleurs, des zéphirs, des turcos?

Les zouaves sont de crânes gas, — voilà tout!

Et Victor-Emmanuel doit être fier d'avoir été nommé petit caporal des zouaves!

Maintenant que j'ai raconté tant bien que mal l'histoire des zouaves et celle de Victor-Emmanuel, mon rôle d'admirateur est joué : j'en reprends un autre.

Je n'aime pas la guerre. J'ai fait — avec beaucoup d'autres — le rêve généreux du bon abbé de Saint-Pierre. J'attends la Sainte-Alliance des peuples, j'attends le jour de la Paix universelle!

« Ah! cette fois c'est la dernière,
C'est le dernier des grands combats;
Encor quelques jours de misère,
Encor la foudre et ses éclats...
Et puis, dans une paix profonde,
Pour toujours les peuples du monde
Reposeront leurs membres las!... »

Vous voyez bien que je ne suis pas le seul à faire écho au bon abbé de Saint-Pierre. Ce couplet, qui se chante dans les rues, est d'Auguste Barbier, un poëte. Cet autre que j'ai cité en commençant, et que je vais encore citer en finissant, est de Gustave Mathieu, — un poëte aussi :

« Unissez-vous tous à jamais,
Peuples de France et d'Italie,
Et puisqu'il faut des trouble-paix
De son sang payer la folie,
Marchez une dernière fois
Pour en finir avec la guerre.
A vous, Francs, Romains et Gaulois,
L'honneur de délivrer la terre!... »

Oui, la guerre a fait son temps. Les héros peuvent exercer leur héroïsme ailleurs que sur les champs de bataille, — ces glorieux abattoirs. Que les loups se mangent entre eux, s'ils le veulent; les hommes, qui ne sont pas des loups, ont pour mission de s'entr'aider et de s'aimer.

Le temps viendra où les soldats intrépides des guerres modernes passeront à l'état de héros légendaires, — comme ceux de l'Iliade. Lorsque les années auront estompé de leurs brumes les pages glorieuses de notre histoire contemporaine, on fera alors un poëme épique avec les batailles de la République, avec celles de l'Empire, avec celles d'aujourd'hui, — un splendide poëme, un poëme grandiose comme l'Arc-de-Triomphe. Mais alors l'Arc-de-Triomphe aura

« .... la ride et l'antiquité fière »

qui lui manquent aujourd'hui! Alors, nous, les rêveurs d'aujourd'hui, nous aurons depuis longtemps digéré nos rêves sous l'herbe verte des cimetières!..

ALFRED DELVAU.

APPENDICE

I

Les batailles continuent, et, avec les batailles, les victoires. Montebello, Palestro, Novare, Magenta, Lodi, Pavie, Plaisance, Vercelli, Varèse, Turbigo, Marignan, et enfin Gavriana, à la date du 25 juin 1859. Nous mettons sous presse un peu tôt peut-être : demain ou après, il y aura un autre bulletin à enregistrer.

En attendant, enregistrons celui-ci :

L'Empereur à l'Impératrice.

« Gavriana, le 26 juin 1859, 11 h. 55 m. du matin.

« Les Autrichiens, qui avaient passé le Mincio pour venir nous attaquer avec toute leur armée, ont été contraints d'abandonner leurs positions et de se rejeter sur la rive gauche de la rivière.

« Ils ont fait sauter le pont de Goito.

« Les pertes de l'ennemi ont été très considérables; les nôtres sont de beaucoup inférieures. Nous avons pris 30 pièces de canon, plus de 7,000 prisonniers et 3 drapeaux.

« Le général Niel et son corps d'armée se sont couverts de gloire, ainsi que toute l'armée.

« Le général Auger a eu le bras emporté.

« L'armée sarde, qui était à l'extrême gauche, a fait éprouver à l'ennemi des pertes sensibles, après avoir lutté avec un grand acharnement contre des forces supérieures. »

« Turin, le 26 juin, minuit 15 minutes.

« Une dépêche du quartier général, en date du 25, apprend qu'à Solferino les Autrichiens étaient commandés par l'Empereur en personne. Les alliés ont pris 30 canons, plusieurs drapeaux et fait 6,000 prisonniers. Les Autrichiens ont repassé le Mincio : toutes leurs fortifications ont été prises. »

Il y a précisément cinquante-neuf ans aujourd'hui, les Autrichiens soutenaient une bataille aussi longue et aussi acharnée avec les Français, — mais sur un autre terrain.

Nous voulons parler de la bataille d'Hochstedt gagnée par le général Lecourbe sur le généralGray.

L'action, commencée à midi, dura avec un extrême acharnement jusqu'à dix heures du soir. Les munitions étaient épuisées, on ne se battait plus, à la fin, qu'à l'arme blanche et à coups de crosse de fusil; mais les Autrichiens ne purent tenir devant les baïonnettes françaises, et ils évacuèrent enfin leur position. « Ce fut là, dit le général Mathieu Dumas, que périt le *premier grenadier de France*, le brave Latour-d'Auvergne, véritable preux, modèle de valeur et de vertus guerrières. » Cet ancien capitaine, qui avait refusé tous les grades pour faire la campagne comme simple soldat, tomba frappé au cœur en repoussant une charge de uhlans. Il fut traversé d'un coup de lance, au premier rang des grenadiers de la 46e demi-brigade, au poste qu'il avait choisi. Toute l'armée perta son deuil pendant trois jours. Sa place ne fut pas remplie, et lorsque son nom, conservé à la tête des contrôles, était prononcé à chaque appel, le plus ancien grenadier répondait : « Mort au champ d'honneur. »

II

La bataille de Magenta avait déjà ouvert aux armées alliées les portes de la Lombardie. Les victoires nouvelles les en rendent désormais maîtresses. Les Autrichiens sont bien près d'abandonner la partie!

C'est le 8 juin que le roi Victor-Emmanuel et l'Empereur Napoléon III sont entrés à Milan.

Il faut lire le récit de cette entrée triomphale dans la correspondance pittoresque publiée par Edmond Texier.

8 juin.

« Il est sept heures du matin, tout le Corso est inondé d'une foule immense; les femmes aux balcons et aux fenêtres tiennent à la main d'énormes bouquets et des lauriers. Vers sept heures un quart l'empereur et le roi de Piémont, qui arrivent de Quarto-Cagnino, font leur entrée dans Milan. Quand les cent-gardes qui marchent en tête du cortége commencent à défiler dans le Corso, les vivats éclatent pour ne plus cesser à la vue de l'Empereur et de Victor-Emmanuel; les bouquets et les couronnes, lancés de toutes les fenêtres, forment une litière de roses et de lauriers; les femmes agitent leurs mouchoirs, et, le corps penché sur la rampe des balcons, elles semblent vouloir se précipiter. C'est la frénésie de l'enthousiasme.

« Ce Corso a un aspect merveilleux. Tous les balcons sont recouverts d'étoffes en soie ou en velours bordées de franges d'or. Toutes les femmes, coiffées en cheveux, et beaucoup en toilettes de bal, dépouillent les orangers plantés dans des caisses de chaque côté des balcons et en jettent les feuilles sur les soldats. Chaque maison a au moins vingt drapeaux tricolores italiens et français. Les officiers agitent leurs sabres en signe de remercîment; les femmes envoient des fleurs et des baisers; la foule distribue des couronnes à chaque soldat qui passe. Ce n'est plus de l'enthousiasme, c'est du délire. Le roi Victor-Emmanuel marche au milieu de la rue, ayant l'Empereur à sa droite : l'Empereur, victorieux, veut, montrer à l'Europe qu'il n'a point entrepris une guerre de conquête. Il n'entre, en quelque sorte, que le second dans la nouvelle capitale de Victor-Emmanuel.

« L'armée sarde défile ensuite, et l'enthousiasme recommence. Puis l'Empereur, qui a été conduire le roi à son palais, repasse par le Corso, après avoir été visiter les blessés français, et alors ce sont des cris, des trépignements, des pluies de fleurs et de couronnes, des démonstrations dont il est impossible de se faire une idée quand on ne connaît pas la nature expansive des populations méridionales. Des hommes du peuple se jettent littéralement sous les pieds du cheval de l'Empereur, obligé de l'arrêter court pour ne pas les écraser. Du Corso, l'Empereur se rend à la *villa Bonaparte*, où il a établi son quartier général.

« En ce moment on affiche sur tous les murs une proclamation de l'Empereur aux Italiens. Cette proclamation, dont je ne vous parlerai pas, parce qu'elle sera connue à Paris longtemps avant l'arrivée de cette lettre, produit un grand effet sur toute la population.

« La foule est tellement grande dans le Corso, que je n'ai pu aller au Dôme, qui n'est qu'à deux cents pas de l'hôtel de la Ville, où je suis logé. L'uniforme a seul le droit d'aller et de venir. Devant l'uniforme, les groupes les plus compactes s'ouvrent par le milieu pour lui laisser un passage libre. On ne peut se figurer le prestige qu'exerce aujourd'hui à Milan le galon de laine d'un simple caporal de l'armée française.

« Un général de brigade traversait le Corso tout à l'heure, et le public, croyant reconnaître dans ce général le maréchal Mac Mahon, criait de toutes ses forces : *Viva il duca di Magenta! viva il vincitore!* et les cris continuaient malgré les dénégations du général qui s'épuisait à dire : *Io non sono il maresciallo*; et les bouquets pleuvaient et les couronnes, et les cris retentissaient de plus belle : *Viva il vincitore duca di Magenta!*

« Tout le monde ici porte la cocarde aux couleurs italiennes, et malheur à celui qui traverserait la rue sans le ruban tricolore à la boutonnière de son habit. Les femmes elles-mêmes arborent crânement la cocarde à leurs chapeaux et à leurs cheveux. Quelques-unes portent le ruban en sautoir. Cette ville de Milan est si heureuse de ne plus entendre retentir à toute heure le *wer geht da* des sentinelles autrichien-

Allons donc, mes braves, répondit Victor-Emmanuel

…t, il y a aujourd'hui de la gloire pour tout le monde.

nes, qu'elle est folle de joie, et que son ivresse éclate dans tous les *gestes* et dans tous les yeux de ses habitants.

« Les troupes piémontaises, entrées à Milan à la suite de Victor-Emmanuel, ont pris possession des casernes occupées encore il y a quelques jours par les soldats de Sa Majesté Apostolique; quant au corps d'armée du maréchal duc de Magenta, qui est arrivé hier, il campe autour de la ville. Ici, comme à Gênes, messieurs les turcos obtiennent un grand succès de curiosité. Hier, on avait mis à leur disposition toutes les calèches de la ville, et depuis midi jusqu'au soir ils n'ont pas cessé de se faire voiturer dans le Corso, recevant les *bravi*, les bouquets, et envoyant des saluts aux dames comme s'ils n'avaient jamais fait autre chose de leur vie.

« Des Milanais m'affirment que les quelques prisonniers faits par les Autrichiens au combat de Boffalora ont été promenés pendant toute une demi-journée dans les rues de Milan; derrière eux suivait la pièce d'artillerie qui nous a été prise à la même affaire. Nous avons, Dieu merci! agi tout différemment. Les prisonniers avec lesquels je suis arrivé hier de Magenta ont été conduits dans Milan par un chemin détourné, au moment où toute la population se portait vers le Corso pour voir défiler les bataillons français.

« Le roi Victor-Emmanuel n'a pas voulu prendre possession du palais royal, qui était la demeure des archiducs. Il est descendu au palais Busca, autrefois Serbelloni.

« Au moment de fermer ma lettre, on vient m'annoncer qu'un corps d'Autrichiens s'est porté vers Milan, et qu'on se bat à quelques lieues de la ville. J'ignore quel corps d'armée est engagé, mais toutes les dispositions sont prises pour écraser l'ennemi. A demain les détails de cette nouvelle affaire. »

Milan, 9 juin.

« Dès six heures du matin, Milan présente déjà le même aspect qu'hier. Les maisons sont aussi pavoisées, les balcons couverts d'aussi riches étoffes, les femmes aussi parées, et la foule est aussi compacte dans le Corso et les rues adjacentes. La nouvelle victoire remportée par nos troupes à Malegnano a encore surexcité l'enthousiasme des Milanais. Dans les groupes, on ne parle que de ce nouveau fait d'armes qui nous ouvre le chemin de Lodi. L'artillerie défile, et la population distribue des bouquets aux artilleurs. Chaque bouche de canon est enguirlandée de lauriers.

« On chercherait vainement une population plus démonstrative que la milanaise. Tous ces groupes d'hommes formés de distance en distance sont curieux à examiner. Ce sont des gestes, des contractions du visage, des éclats de voix, une fougue, un entrain qui stupéfieraient même des Marseillais. Je suis entré hier dans le grand café de la Scala, et, tel était le *murmure des conversations particulières*, que je me demandais, à part moi, si les fameuses trompettes de Jéricho ont jamais fait le même vacarme.

« En ce moment on place sur tous les balcons du Corso des vases pleins de roses effeuillées, des couronnes et des bouquets. Ces odoriférantes munitions sont préparées pour accueillir l'empereur et le roi, qui vont se rendre au Dôme, où l'on doit chanter un *Te Deum*. Sur certains balcons, j'aperçois des caisses remplies de feuilles de roses et des piles de couronnes. Tout-à-coup, la division des voltigeurs de la garde, le maréchal Regnaud Saint-Jean-d'Angely en tête, entre dans le Corso, qu'elle traverse dans toute son étendue pour se former en haie sur le passage des deux souverains. Aussitôt les fleurs partent de toutes les fenêtres et tombent en feu croisé sur la tête des soldats; les feuilles de roses voltigent dans l'air, et les dalles de cette grande rue sont littéralement jonchées de couronnes.

« Chaque soldat porte un bouquet au bout de son fusil, et la plupart ont planté une rose au milieu du pompon de leurs schakos. Des femmes distribuent une fleur aux officiers, lesquels tiennent déjà deux ou trois bouquets de la main gauche. Quant aux drapeaux, ce sont des jardins. L'aigle d'or a disparu sous les nombreuses couronnes passées dans la hampe. Je ne parle pas des vivats, des cris, des trépignements, du délire de la foule. La vue d'un drapeau plus déchiré que les autres par les balles autrichiennes excite surtout un enthousiasme indicible. Hommes et femmes, tout le monde se précipite vers ce drapeau pour le couronner, et l'officier qui le porte, pliant sous le poids des couronnes, a la plus grande peine à s'arracher à cette ovation improvisée.

« A onze heures, toutes les choches de Milan se mettent en branle, les tambours battent aux champs sur toute la ligne, les clairons déchirent l'air de leurs notes perçantes, et l'empereur et le roi, à cheval, suivis d'un nombreux état-major, apparaissent à l'extrémité du Corso. Je m'étais figuré que toutes les fleurs et toutes les couronnes entassées sur les balcons et sur les fenêtres avaient été jetées aux voltigeurs et aux chasseurs à pied; mais Milan avait décidément dépouillé tous ses parterres, dévasté tous ses jardins en prévision de l'entrée triomphale des Piémontais et des Français. La pluie de roses a recommencé de plus belle; les couronnes voltigent et les bouquets se croisent, et, à un certain moment, le cheval de l'empereur et le cheval du roi, devenus le point de mire de tous les projectiles, se cabrent sous leurs cavaliers.

« L'Empereur, qui monte un cheval anglais de pur sang, fait signe aux dames de mettre plus de modération dans le lancement des bouquets, qui frappent et effrayent son cheval. Inutile recommandation. L'élan est donné, et parmi toutes les belles Milanaises en robe blanche et aux cheveux noirs tordus comme des serpents, c'est à qui lancera les bouquets les plus gros et les fleurs les plus brillantes. Le cortége impérial et royal arrive cependant sans encombre sur la place de la cathédrale. L'évêque coadjuteur, Mgr Caccia, à la tête des chanoines coiffés de la mitre blanche, vient recevoir les deux souverains, et la cérémonie commence.

« On avait eu le bon goût de ne point orner de draperies les murs de cette magnifique église, la plus vaste qui existe après Saint-Pierre de Rome. Cinq nefs se succèdent majestueusement, et leurs voûtes ogivales, décorées de festons de marbre, reposent sur des colonnes de marbre. Malgré leur masse gigantesque, ces énormes piliers paraissent minces, grâce à leurs harmonieuses subdivisions, chaque colonne semblant composée d'une infinité de colonnettes. Je ne dis rien du beau pavé en mosaïque, des tableaux, des reliquaires, chefs-d'œuvre de la ciselure; des statues, du chœur, de la richesse des autels, et de la richesse encore plus considérable du trésor de cette église, lequel représente, m'a-t-on dit, la somme de dix millions, non plus que de ses pinacles élancés, surmontés de statues si légères qu'elles semblent danser sur la pointe d'une aiguille. L'extérieur du Dôme, bien plus extraordinaire encore, apparaît comme un de ces palais des contes de fées que chacun de nous a plus ou moins entrevus dans les rêves extravagants de la première jeunesse.

« Je ne sais quelle plume à la fois assez artiste et assez savante pourrait convenablement décrire ces pyramides gothiques de marbre blanc s'élançant dans les airs et se détachant sur le bleu sombre du ciel italien; cette forêt de piliers de marbre et d'aiguilles de marbre travaillés avec toute la délicatesse du guillochage, et cette immense population de statues plus considérable que la population de certains de nos chefs-lieux. Je me demande s'il serait possible d'entasser une plus grande quantité de marbre sur une plus grande surface, mais quel architecte aujourd'hui formerait, de tant d'ornements réunis, une masse aussi majestueuse, aussi étonnante par la grandeur de l'ensemble que par l'exquise délicatesse des détails?

« En sortant du Dôme, je vois, devant la grille du palais vide de l'archiduc, un garde national qui monte la garde dans une des guérites occupées naguère par les sentinelles autrichiennes. Je traverse toute la place, et j'arrive à la poste pour demander si le courrier de Paris est arrivé. On n'a pas encore reçu de courrier de Paris ni d'ailleurs, tous les chemins de fer ayant été rompus et n'étant point encore réparés. Nous sommes donc sans nouvelles de la capitale du monde civilisé, et jamais Paris ne me semble plus la capitale du monde que lorsque je suis à l'étranger. Au bureau de la poste, j'assiste au désespoir d'un grenadier qui vient de payer l'affranchissement d'une lettre. Il a donné cinq francs, et on lui rend, en guise de monnaie, une mitraille de pièces autrichiennes qui n'ont ni forme, ni effigie, ni marque particulière, ni valeur. Supposez un vieux bouton de guêtre usé par le frottement, voilà la monnaie d'Autriche. Il y a des *swanzig* (nos soldats prononcent *dantzig*) qui sont censés représenter dix-sept sous et demi, il y a des pièces de trois sous un quart, et d'autres pièces de six sous trois quarts, sans compter des sous qui ont la prétention excessive de valoir deux liards et demi. Je défie Barême en personne de se reconnaître au milieu de tous ces liards, je défie même Son Excellence le ministre des finances du saint-empire autrichien.

« Quand vous avez changé cinq francs, vous êtes dans une erreur profonde si vous croyez avoir en monnaie la valeur représentative de votre pièce. Pour n'être pas pris au trébuchet de la cupidité des petits débitants, il faut connaître d'abord la différence de valeur qui existe entre le sou français et le sou autrichien. Lorsque vous changez une pièce française, on vous donne des *swantzig* qui représentent bien ving-cinq sous autrichiens, mais qui ne valent que dix-sept sous français. Comme vous supposez qu'un sou vaut partout cinq centimes, vous n'apprenez qu'en voulant payer quelque chose que vous perdez sept sous sur une pièce de vingt sous. C'est ainsi que pendant trois jours un marchand de cigares a abusé de mon inexpérience. Quand je le payais, il comptait par sous français, et quand il me rendait de la monnaie, par sous d'Autriche. Ce négociant peu scrupuleux porte pourtant le nom d'un héros d'opéra comique; il s'appelle Montano. Je le signale à tous les fumeurs de l'armée d'Italie.

« Après m'être assuré d'une voiture dans la matinée, je suis parti à midi pour le champ de bataille de Malegnano. J'entendais tant de récits qui me paraissaient exagérés, que j'ai voulu voir par mes yeux et prendre mes informations sur place. Le village de Malegnano est situé au milieu d'une vaste plaine. Les Autrichiens, au nombre de trente-cinq mille hommes, avaient élevé des travaux tout autour du village et s'y étaient fortement retranchés pour arrêter la marche de notre armée vers Lodi, et donner à leur matériel et à leurs bagages le temps de se retirer. La division Bazaine et la division Ladmirault ont attaqué l'ennemi, d'autant plus favorisé dans ses positions qu'il était impossible à nos troupes de se développer, la route qui touche au village étant bordée de chaque côté d'un canal et de prés coupés de fossés et de rizières. Le premier régiment de zouaves est lancé en avant, il refoule deux régiments autrichiens, veut pénétrer dans le village, et est arrêté par un feu très vif de mousqueterie venant du cimetière. Le 33e régiment de ligne suit le 1er régiment de zouaves, et le cimetière est enlevé à la baïonnette après un combat d'une demi-heure.

« Pendant que la division Bazaine attaquait le village par la route, la division Ladmirault était parvenue à se frayer un passage et prenait l'ennemi en flanc sur la gauche. Après s'être battues pendant plus de deux heures, nos troupes pénétrèrent dans Malegnano, dont toutes les maisons barricadées étaient autant de petits forts. Les murailles avaient été crénelées. Il fallut faire, comme à Magenta, le siége de chaque bicoque. L'ennemi, protégé par ses murailles, tua un assez grand nombre de nos soldats, surtout parmi les zouaves, mais après une résistance opiniâtre, qui dura six heures, il lâcha pied et abandonna le village avec précipitation.

« Le général Forey, qui commandait la réserve, prévoyant la fuite de l'ennemi, avait tourné le village; il lança contre les fuyards cent vingt boîtes à mitraille de quatre-vingts balles chacune, qui jonchèrent le sol de cadavres. J'ai vu un endroit de la plaine littéralement couvert de morts autrichiens empilés les uns sur les autres et formant pyramide. Si l'on avait pu débusquer l'ennemi avant la nuit, il est hors de doute qu'il aurait été en grande partie massacré. La perte des Autrichiens a été immense, si j'en dois juger par les innombrables cadavres qui couvraient encore aujourd'hui le champ du combat. On leur a fait douze cents prisonniers (et non six mille comme on le disait ce matin), et on a ramassé une quantité de leurs blessés. Nos pertes ne sont pas énormes; mais la victoire a été cependant achetée par de cruelles pertes d'officiers et de soldats.

« En traversant l'ambulance, j'entendis une voix qui m'appelait, je me retournai vivement, et je vis étendu sur un matelas un jeune capitaine de zouaves frappé d'un éclat de mitraille à la cuisse. Je ne l'avais pas revu depuis Verceil, où nous avions dîné ensemble. —Vous me voyez, me dit-il, dans la position d'un homme à qui l'on vient de couper la jambe. — Est-ce possible? lui dis-je étonné de tant de sang-froid. — Très possible, et la preuve en est qu'il ne me reste plus qu'une *guibole*. Cela ne m'empêchera pas de marcher, puisqu'on trouve des jambes chez le fabricant, mais je crois que cela me fera du tort auprès des dames. — Avez-vous beaucoup souffert? lui demandai-je. — Un peu; mais je vous jure que c'était très supportable et qu'on se fait une idée exagérée du bistouri. De tout ce que j'avais vu depuis quelques jours, le sang-froid de ce jeune capitaine, après une opération aussi douloureuse, fut ce qui m'étonna le plus.

« Un autre officier de zouaves me raconta un trait de sang-froid très remarquable d'un soldat placé en sentinelle avancée.

« Il vit une compagnie d'Autrichiens pousser une reconnaissance de son côté. Ils n'étaient qu'à vingt pas de lui. Au lieu de tirer un coup de fusil pour donner l'alarme, il recula sans perdre de vue les Autrichiens, arriva jusqu'aux grand'gardes, et les prévint de la présence de l'ennemi; la compagnie autrichienne fut aussitôt enveloppée et faite prisonnière.

« En revenant de Malegnano, je rencontrai une très élégante calèche, qui se croisa avec une charrette dans laquelle étaient quatre blessés. La calèche s'arrêta, deux belles jeunes femmes mirent pied à terre. Elles firent placer les soldats blessés dans la calèche, montèrent sur le siége auprès du cocher, et rentrèrent ainsi dans Milan.

« On m'assure qu'un très grand nombre de voitures de l'aristocratie se sont dirigées, ce soir, vers Malegnano pour transporter en ville les blessés.

« Ce soir, la ville est superbement illuminée; la vue du Corso éclairé à giorno est splendide. Parmi les palais qui se font remarquer par la magnificence de leurs illuminations, je citerai le palais Belgiojoso.

« On fait en ce moment une grande manifestation pour l'union du Piémont et de la Lombardie. Quinze mille personnes au moins traversent le Corso et se dirigent vers le palais Busca en criant: *Viva il re! Viva Vittorio-Emmanuele!*

« Garibaldi est venu aujourd'hui incognito à Milan. Il a eu une entrevue avec le roi, et est immédiatement reparti pour son quartier général.

« J'apprends que la journée d'aujourd'hui a été marquée par un nouveau combat. Ce matin, à la pointe du jour, nos troupes ont trouvé l'ennemi embusqué dans un village à quelques kilomètres de Lodi, et l'ont mis en fuite après une opiniâtre résistance.

Milan, 10 juin.

« Tout ce qui a été dit par les journaux italiens, et répété par les journaux français, sur la répulsion qu'inspirait aux nobles Milanais le pouvoir autrichien, était parfaitement exact. Ici, le mouvement n'est pas seulement populaire, toutes les classes de la société y prennent part, et je dois même ajouter que c'est l'aristocratie qui le dirige.

« Hier au soir, quand défilait dans le Corso le cortége de douze à quinze mille hommes, criant: « Vive notre roi Victor-Emmanuel! vive la Constitution! vive l'union! vive l'unité de l'Italie (*viva l'Italia una!*) les plus grands noms lombards s'associaient à cette manifestation, et les femmes les plus distinguées par leur origine, par leur beauté et leur fortune, agitaient leurs mouchoirs et montraient du doigt au peuple qui passait le palais Busca, habité par le roi. L'annexion, que l'on regardait comme difficile par suite de prétendues rivalités existant entre les Lombards et les Piémontais, était déjà faite dans les esprits avant d'avoir été consacrée par les événements. Devant les acclamations de toute une capitale, Victor-Emmanuel n'a pas hésité à nommer immédiatement un gouverneur de la Lombardie agissant au nom du roi.

« Quant à l'Empereur, il s'est tenu tout-à-fait à l'écart, laissant à la population milanaise toute liberté d'action. On avait dit qu'un commissaire français serait nommé au moins provisoirement; c'était une hypothèse toute gratuite. La France n'est pas venue en Italie pour conquérir, mais pour délivrer les peuples. Du reste, l'Empereur avait clairement indiqué sa ligne de conduite dans la proclamation du 8 juin adressée aux Italiens.

« Hier au soir, M. de Cavour, arrivé à Milan dans la journée, a eu sa part de l'ovation populaire. Après avoir défilé devant le palais du roi en poussant le cri de *Viva il nostro re!* la foule s'est portée devant l'hôtel du ministre, qui a paru au balcon et a été salué par d'unanimes applaudissements. M. de Cavour est reparti ce matin pour Turin.

« L'Empereur est allé visiter aujourd'hui Malegnano, qui est bien décidément le célèbre Marignan de François Ier. Il est impossible de faire un pas dans cette partie de l'Italie sans éveiller un souvenir de nos fastes militaires. Chaque village est comme un feuillet détaché de notre histoire; hier c'était Marignan, demain ce sera Lodi. Nos soldats apprennent l'histoire en faisant de l'histoire. Ils rajeunissent par des victoires nouvelles les vieilles victoires de leurs pères.

« Il est un détail de ce combat de Malegnano, ou de Marignan, si vous aimez mieux, dont j'ai oublié de vous parler hier : à un certain moment, les Autrichiens, irrités d'être sans cesse repoussés par la baïonnette de nos soldats, ont tenté eux aussi de faire une charge à fond avec la baïonnette au bout du fusil. Un bataillon fut lancé contre quelques compagnies d'un de nos régiments de ligne; la tentative n'a pas été heureuse pour l'ennemi. Cet engagement à l'arme blanche s'est terminé par la mort de la plus grande partie du bataillon, et par la fuite du reste.

« Les Autrichien sont de singulières idées sur la façon de faire la guerre. Mélas trouvait que le général Bonaparte le battait en dehors de toutes les règles; les compatriotes de Mélas prétendent aujourd'hui que le combat à la baïonnette est un combat indigne d'une nation civilisée. Je causais hier à Malegnano avec un officier prisonnier qui s'exprimait très franchement à ce sujet. « Que les turcos, disait-il, se battent à la baïonnette, je le comprends, ce sont presque des sauvages ; mais les Français!... Ce n'est plus une guerre, c'est une boucherie. »

« Le combat à la baïonnette est, en effet, plus meurtrier que la fusillade; mais, parce que l'infanterie française sait mieux se servir de cette arme que les Autrichiens, ce n'est pas une raison pour qu'elle laisse la baïonnette au fourreau. D'ailleurs, si la baïonnette a été jusqu'à ce jour l'arme principale des combats livrés depuis le commencement de la campagne, cela tient aussi à une autre raison. Notre armée est dans un pays ami, et si elle enlève à la baïonnette les villages occupés par les Autrichiens, c'est pour épargner les propriétés des habitants. Avec les nouveaux canons, qui portent à trois mille mètres, nous aurions plutôt fait d'écraser l'ennemi sous les murailles des maisons que de marcher contre lui la baïonnette en avant, et nous perdrions surtout beaucoup moins de soldats; mais on ne veut pas que l'armée française marque son passage par des ruines dans un pays qu'elle vient délivrer. Le général Forey n'a lancé à Malegnano ses boîtes à mitraille que lorsque le corps d'armée de Benedeck battait en retraite dans la campagne. La situation d'une armée dans un pays ami a sans contredit des avantages, mais on voit qu'elle a aussi des inconvénients.

« On avait dit que l'Empereur partirait ce soir; mais en passant tout à l'heure sur les promenades qui environnent le palais Bonaparte, j'ai vu la garde au milieu de ses campements. Voici un trait de caractère de nos troupiers : tous les soldats occupés à faire la cuisine avaient endossé une capote autrichienne. « C'est pour ne pas salir mon uniforme, » me dit gravement un de ces facétieux cuisiniers. Depuis qu'ils ont adopté la capote blanche ou la capote bleu de ciel pour vaquer aux soins du ménage, on n'appelle plus les hommes de corvée que les Autrichiens. « Hé! l'Autrichien, la soupe est-elle prête? — Voilà, caporal. »

« J'apprends qu'il y a ce soir grand spectacle à la Scala, et que l'Empereur et le Roi y assisteront. Je laisse ma lettre inachevée pour aller m'assurer d'une stalle.

. . . .

« Je reviens de la Scala. Cette grande salle de spectacle, la plus vaste de l'Europe, était pleine de rayonnements. Tous les diamants ne sont pas seulement à Londres, à Vienne et à Paris : des rivières, je devrais dire des fleuves serpentaient sur le sein des dames milanaises, et roulaient sur le col, autour des bras, dans les cheveux de ces belles patriciennes leurs ondes étincelantes. Presque toutes les femmes portaient le ruban tricolore en sautoir. Quelques-unes avaient des toilettes vertes, rouges et blanches. Les six étages de loges étaient resplendissants. La loge impériale et royale placée au centre est un superbe appartement ouvert qui s'élève jusqu'aux deux tiers de la salle. L'intérieur des autres loges est également décoré de tapisseries de soie, de candélabres, et la plupart ont une chambre élégante où l'on joue et où l'on soupe.

« L'Empereur et le Roi, à leur entrée dans la salle, ont été accueillis par des tonnerres de vivats. Hommes et femmes, tout le monde se tenait debout, et pendant les deux heures qu'a duré le spectacle, on se levait de cinq minutes en cinq minutes pour agiter les mouchoirs et crier vive l'Empereur et vive le Roi! C'était l'enthousiasme du Corso transporté à la Scala, un de ces accès de délire dont nous autres peuples du nord nous ne pouvons nous faire une idée si nous n'en avons été témoins. Le spectacle avait été donné au profit des familles de ceux qui sont morts en combattant.

« J'ai accompagné notre armée victorieuse depuis Gênes jusqu'à Milan. Dans le trajet qui sépare ces deux vieilles capitales, j'ai en quelque sorte vécu avec nos soldats, et ce qui m'a le plus frappé, ce n'est pas leur courage, leur dévoûment à la patrie, leur mépris de la mort, leur constante bonne humeur au milieu des fatigues, c'est leur bonté, leur générosité, leur douceur à l'égard du vaincu désarmé. Lions pendant le combat, sœurs de charité après la victoire, ils unissent aux mâles vertus qui croissent à l'ombre du drapeau la tendresse et le dévoûment de la femme. Ces soldats sont les chevaliers de notre époque. »

III

Voici maintenant plusieurs documents officiels qui ont leur signification.

C'est d'abord une proclamation de Victor-Emmanuel à la ville de Milan, à la date du 9 juin 1849 :

Proclamation du roi de Piémont.

« Peuples de la Lombardie ! La victoire des armées libératrices m'amène au milieu de vous.

« Le droit national restauré, vos vœux établissent l'union avec mon royaume, union qui repose sur les garanties de la vie civile.

« La forme provisoire que je donne aujourd'hui au gouvernement est exigée par les nécessités de la guerre.

« Une fois l'indépendance assurée, les esprits deviendront calmes et les cœurs vertueux, et un gouvernement libre et durable sera fondé.

« Peuples de la Lombardie,

« Les Piémontais ont fait et font de grands sacrifices pour la patrie commune : notre armée, qui accueille dans ses rangs un grand nombre de vaillants volontaires de nos provinces et des autres provinces italiennes, a déjà donné d'éclatantes preuves de sa valeur, en combattant victorieusement pour la cause nationale.

« L'empereur des Français, notre généreux allié, digne du nom et du génie de Napoléon, en commandant l'armée héroïque de cette grande nation, veut délivrer l'Italie depuis les Alpes jusqu'à l'Adriatique.

« Rivalisant de sacrifices, vous seconderez ses magnanimes efforts sur les champs de bataille, vous vous montrerez dignes des destinées auxquelles l'Italie vous appelle aujourd'hui après des siècles de souffrances.

VICTOR-EMMANUEL.

« Du quartier général principal.

« Milan 9 juin 1859. »

—

Puis deux adresses de la municipalité de Milan : une du 6 juin, à l'empereur Napoléon III ; l'autre, du 8 juin, au roi Victor-Emmanuel.

Voici la première :

A S. M. l'empereur Napoléon III, la ville de Milan.

Sire,

« Le conseil communal de la ville de Milan a tenu, aujourd'hui même, une séance extraordinaire dans laquelle il a décidé par acclamation que la congrégation municipale présenterait à S. M. l'empereur Napoléon III une adresse exprimant la vive reconnaissance du pays pour son généreux concours à la grande œuvre de la délivrance de l'Italie. Sire, la congrégation municipale se regarde comme très honorée d'un mandat aussi élevé, mais elle sait combien les paroles sont impuissantes pour le remplir.

« Dans un discours dont tous admirèrent les magnanimes sentiments, mais que les Italiens écoutèrent avec une religieuse joie et surent interpréter comme une splendide augure, Votre Majesté disait qu'elle se reposait sur le jugement de la postérité.

« Sire, le jugement sur la sainteté de la guerre que Votre Majesté a entreprise de concert avec le roi Victor-Emmanuel II est désormais prononcé par l'opinion unanime de l'Europe civilisée, et les noms de Montebello, de Palestro et de Magenta appartiennent déjà à l'histoire. Mais si, au jour de la bataille, la grandeur des plans de Votre Majesté, égalée à peine par l'héroïsme de vos soldats, nous rend sûrs de la victoire, nous ne pouvons le lendemain que déplorer amèrement la perte de tant de braves qui vous suivirent au champ d'honneur. Les noms des généraux Beuret, Cler, Espinasse et de tant d'autres héros tombés prématurément, figurent déjà dans le sanctuaire de nos martyrs et demeureront gravés dans le cœur des Italiens comme dans un monument impérissable. Sire, notre reconnaissance pour Votre Majesté et pour la grande nation que vous avez été appelé à rendre plus grande encore, sera manifestée avec plus d'énergie par toute l'Italie rendue libre ;

mais nous sommes fiers, en attendant, d'être les premiers à l'exprimer, comme nous avons été les premiers à être délivrés de l'odieux aspect de la tyrannie autrichienne.

« Permettez-nous, Sire, de saluer Votre Majesté par ce cri de notre peuple :

« Vive Napoléon III ! Vive la France !

« Milan, le 6 juin 1859.

« ALBERTO DE HEBRA, MASSIMILIANO DE LERA, MARGARITA FRANCESCO, UBOLDI DE CAPEI, FABIO BORETTI, ACHILLE BORGIER, CESARE GIULINI, ALESSANDRO PORRO, GIOVANNI D'ADDA. »

Voici la seconde adresse de la municipalité de Milan :

A S. M. le roi Victor-Emmanuel II, la ville de Milan.

« Sire, le vœu public est que Votre Majesté, à qui, par un miracle de concorde, ont été confiées les destinées de la patrie commune, prenne le plus tôt possible en mains le gouvernement et la direction des affaires publiques de ce pays. Ce vœu avait été déjà solennellement proclamé par des milliers de nos volontaires, d'abord par serment devant Dieu, et ensuite par le sang devant le canon de l'Autrichien. Aujourd'hui le conseil de la commune, représentant la population milanaise, à l'unanimité des voix et par une acclamation irrésistible, a approuvé et adopté l'adresse que les corporations municipales avaient envoyée à Votre Majesté le 5 courant, et qui lui a été présentée le lendemain au quartier général de San Martino de Trecate.

« Sire, dans la résolution du conseil de la commune de Milan, S. M. verra une nouvelle preuve que les vérités de cœur n'ont pas deux manières de s'exprimer. Nous vous appartenons par la persuasion, par l'affection, par la nécessité géographique, par le droit historique de l'acte de fusion de 1848, confirmée par les onze années de préparation, de souffrances, qui resteront ineffaçables dans l'histoire des peuples comme un exemple sublime de ce que peut la persévérance dans de justes desseins, ainsi que la dignité dans les malheurs publics.

« Sire, cette population a beaucoup gagné, parce qu'elle a beaucoup souffert. Votre Majesté a été appelée par le vœu de toute l'Italie, par le respect de l'Europe, l'assentiment de la France, à consoler les douleurs de la nation et à recueillir les fruits de ces douloureuses épreuves. Sire, nous vous adresserons les paroles qui vous ont ému déjà lorsque vous les avez entendues des lèvres de nos volontaires blessés dans la glorieuse journée de Palestro : « Faites libre et heureuse l'Italie et nous bénirons nos blessures. »

« Milan, le 8 juin 1859. »

(Mêmes signatures.)

IV

Terminons par cet ordre du jour du général Ulloa à l'armée toscane, en date du 10 juin :

Ordre du jour à l'armée toscane.

« Officiers, sous-officiers et soldats ! je suis enchanté et fier en même temps de porter à votre connaissance une lettre que S. A. I. le prince Napoléon m'a adressée après m'avoir fait l'honneur de visiter avec lui les positions de la colonne mobile à Filigare. Elle est conçue en ces termes :

« Armée d'Italie, 5e corps. Etat-major général.
Quartier-général à Florence, le 8 juin 1859.

« Général, en visitant hier les cantonnements de « l'armée toscane sur la route de Filigare, j'ai été « frappé de la belle tenue des troupes de la 1re brigade commandée par le colonel Stefanelli, de leur « air martial et du bon esprit qui les anime. Veuillez leur en témoigner ma satisfaction. J'ai la ferme « assurance qu'au jour du combat, elles sauront « faire honneur à l'Italie par leur bravoure et leur « fermeté.

« Recevez, général, l'assurance de ma considération très distinguée.

« Le prince commandant en chef le 5e corps d'armée.

« NAPOLÉON (Jérôme).

« M. le général Ulloa, commandant l'armée toscane. »

« Ces louanges adressées aux braves soldats sont pour eux la plus belle des récompenses. Vous ne pouvez en désirer qui soit plus flatteuse que celle qui vous est offerte par celui qui commande nos braves et généreux alliés.

« Et, au moment de faire vos preuves, moment que vous appelez de vos vœux, ce qui, je vous le promets, sera prochain, vous ferez voir que le chemin de la victoire n'est pas inconnu pour vous, et que vous mériterez d'être les dignes émules des héros de Montébello, de Palestro et de Magenta.

« Le lieutenant-général,

« JÉRÔME ULLOA. »

C'est à dessein que nous insérons ici cette proclamation de Girolamo Ulloa. Outre qu'elle se mêle aux événements actuels, elle est signée d'un nom devant lequel nous devons nous arrêter. Le général Ulloa a joué un rôle important dans la révolution de Venise en 1849 ; il est appelé à en jouer un non moins important en Toscane, à cette heure : à ces causes nous lui devons l'hommage de notre admiration, et ce que nous avons fait pour le général Garibaldi et pour le roi Victor-Emmanuel, nous le faisons en ce moment pour lui.

A. D.

LE CRI DES ZOUAVES

CHANT GAULOIS

Quidquid delirant reges plectuntur Achivi (HORAT.).

I

L'Italie a frappé les airs
D'un appel à sa délivrance :
Des quatre coins de l'univers
Les échos ont répondu France ! ! !
Sur tous les champs italiens,
Aux cris des libres et des braves,
On va voir les nouveaux anciens :
La France a lâché ses zouaves.

La poudre a parlé, les clairons au vent
Sonnent la charge et la victoire ;
La baïonnette a soif... elle demande à boire :
En avant ! en avant ! zouaves, en avant ! (*bis.*)

II

Ils s'en vont l'arme à volonté,
Le rire en barbe, et haut la tête,
Cou nu, bonnet sur le côté,
Comme des coqs à rouge crête...
En les voyant passer, on sent
Qu'ils n'ont pas peur de teindre l'herbe
De la belle couleur du sang (*),
Ces prompts soldats au front superbe.

III

Avec leurs amis les chasseurs,
Les dragons, les grenadiers graves,
Clairs cuirassiers, fiers artilleurs,
Et les zéphyrs, et tous les braves,
Ils marchent pour la liberté,
Le bon droit des choses publiques,
La justice et la vérité...
En avant, soldats électriques !

La poudre a parlé, etc.

LA BATAILLE

I

Comme un champ de rouges pavots
Qui se meut à travers l'armée,
Ils vont sous leurs flottants drapeaux
Dans le feu, le sang, la fumée,
Tout se nivelle devant eux.
Ils sont là tous comme à la fête,
Avec des élans furieux,
Pour saisir l'aigle à double tête.

(*) Kossuth.

II

Marchant sur le canon brutal,
Ils se traînent le ventre à terre,
Avec des ruses de chacal
Et des mouvements de panthère ;
Puis dans la poudre et les lueurs,
Comme fantômes dans un rêve,
Bondissent sur les mitrailleurs,
Rapides comme un coup de glaive.

III

Mitraillés, fusillés, sabrés,
A travers la cavalerie,
Les caissons, les chevaux cabrés,
Ils forcent sur l'artillerie :
Tous les canons sont encloués,
Et dans la flamme et la mitraille,
On voit leurs étendards troués
Reluire au fort de la bataille.

IV

Comme ces Gaulois chevelus,
Vrais lions du pays des chênes,
Qui jadis s'élançaient tout nus
Au cœur des légions romaines,
Ils vont droit leur rouge chemin ;
Et quand le fer est las de boire,
A coups de crosse et haut la main
Ils brutalisent la victoire.....

La poudre a parlé, etc.

I

Allez-y, terribles enfants,
Petits bien chaussés, soyez dignes,
Mourez, ou rentrez triomphants,
Mais ne saccagez pas les vignes...
Il faut laisser aux vrais buveurs
Qui n'ont pas perdu l'espérance
Et la foi dans les temps meilleurs,
De quoi boire à leur délivrance.

II

Unissez-vous tous à jamais,
Peuples de France et d'Italie,
Et puisqu'il faut des trouble-paix
De son sang payer la folie,
Marchez une dernière fois
Pour en finir avec la guerre.
A vous, Francs, Romains et Gaulois,
L'honneur de délivrer la terre !

GUSTAVE MATHIEU.

Paris. — Imp. de DRY aîné, boulevart Montparnasse

www.ingramcontent.com/pod-product-compliance
Lightning Source LLC
LaVergne TN
LVHW010105230826
846091LV00005B/2099

* 9 7 8 2 0 1 1 3 1 8 5 0 3 *